中国因他们而改变

陈庆云传

朱晶◎著

中国科学技术出版社
·北京·

图书在版编目（CIP）数据

陈庆云传 / 朱晶著 . -- 北京：中国科学技术出版社，2025.4. --（中国因他们而改变）. -- ISBN 978-7-5236-1367-2

Ⅰ . K826.13

中国国家版本馆 CIP 数据核字第 2025PH0045 号

总 策 划	秦德继　宁方刚
策划编辑	周少敏　徐世新
责任编辑	李双北
装帧设计	中文天地
责任校对	焦　宁
责任印制	徐　飞

出　　版	中国科学技术出版社
发　　行	中国科学技术出版社有限公司
地　　址	北京市海淀区中关村南大街 16 号
邮　　编	100081
发行电话	010-62173865
传　　真	010-62173081
网　　址	http://www.cspbooks.com.cn

开　　本	787mm×1092mm　1/32
字　　数	80 千字
印　　张	5
版　　次	2025 年 4 月第 1 版
印　　次	2025 年 4 月第 1 次印刷
印　　刷	河北鑫兆源印刷有限公司
书　　号	ISBN 978-7-5236-1367-2 / K・478
定　　价	58.00 元

（凡购买本社图书，如有缺页、倒页、脱页者，本社销售中心负责调换）

陈庆云传

1956年8月,陈庆云与虞芝芬在长春

1959年,陈庆云在苏联留学期间留影

1960年，陈庆云与虞芝芬在北京照相馆拍摄的结婚照

1981年,陈庆云在上海光明电镀厂测试铬雾抑制剂F-53

1986年8月,陈庆云与黄维垣、戴行义在巴黎参加纪念元素氟发现一百周年国际学术讨论会

1988年，陈庆云在实验室工作

1998年5月4日,陈庆云参加北京大学建校一百周年庆祝活动

2001年，陈庆云与恩师邢其毅在北京大学

2008年，陈庆云在办公室阅读文献

2018年，陈庆云在办公室接受采访

陈庆云院士九十华诞庆贺会暨学术报告会

目录

从私塾到北大　016

从西方语言文学系到化学系　026

从长春到莫斯科　038

国防事业中的氟材料研究　062

为了民用：铬雾抑制剂与制冷剂　086

F-53 重登基础研究舞台　100

含氟药物与用起来的"陈试剂"　118

有一个群体叫"上海氟化学"　130

回望一生　150

从私塾到北大

碧波沅江水自流

1929年1月25日，陈庆云出生于湖南益阳沅江，祖籍湖南湘乡。父亲陈保生，母亲易良，均为农民，以种植水稻为生，农闲时经营小商品生意。生活虽清贫，但父母坚持让陈庆云读书。

沅江地处湖南省东北部，洞庭湖滨，西南有绵延丘岗，北部是冲积平原，东南多芦荡沼泽，呈现"三分垸田三分洲，三分水面一分丘"的湖乡地貌特征。现代文人曾作《重渡湖南沅江景》："苍翠武陵伴春秋，碧波沅江水自流。一地黄花逗燕舞，谁家桃枝笑竹楼。"

沅江景色虽美，但是对于陈庆云的父母和乡邻等依靠种植水稻为生的农民而言，却并非好事。沅江也叫沅水，是湖南省四大水系之一。沅江是洞庭湖水系最长的入湖河流，发源于云贵高原东部，流域地跨贵州、湖南、重庆、湖北，常有洪涝发生。明代名人王阳明的《沅江晚泊二首》中就有关于"水漫远沙"的描述："去时烟雨沅江暮，此日沅江暮雨归。水漫远沙村市改，泊依旧店主人非。"

陈庆云的家在洞庭湖边的种福垸，种福垸是近代纺织企业家聂辑规在湖南投资的土地。聂辑规创办的"恒丰纺织新局"是我国近代纺织业中影响较大的企业。在投资企业的同时,聂辑规也在家乡开发经营洞庭湖滨的土地。种福垸原本是一片淤田,共4万多亩,经过建筑堤坝、排涝整治,淤田被改造成可耕种的田地,以种植稻谷和棉花为主。农民作为佃户,需要向经营管理者缴纳费用。虽然经过有规模的经营,但也无法避免洪涝。种福垸和沅江独自管辖的普丰垸,是洞庭湖内受水灾严重的区域。

因为平原不多,土地稀缺,每次大水过后,农民们就需要到浅滩处抢地围田:先围一个圈,约定好哪块土地是你的,哪块土地是我的。浅滩淤泥堆积,土地相对肥沃,陈庆云家里和乡邻所种的水稻生长较快。陈庆云父母头脑灵活,农闲时会做些小生意,相对其他农户家庭来说,条件稍好。这样才有能力供陈庆云读书,"否则根本别想有机会读书"。

1937年,陈庆云进入沅江县(今沅江市)的私塾读书。私塾的教学形式比较随意,学生人数并不固定,多则十几人,少则七八人。私塾先生教《论语》《三字经》等,陈庆云只是跟着读,对于具体的内容根本不懂。回忆起童年时光,陈庆云感叹:"童年就是应该玩的,小时候虽然生活条件艰苦,但心情还比较愉悦。"

在私塾学习几个月后，陈庆云进入湖南省南县益智乡中心小学学习。南县隶属益阳市，地处湘鄂两省边陲，是洞庭湖区腹地。南县的南边与沅江市隔河相望，东南与大通湖、北洲子等几大农场连成一片，为湖南省36个边境县之一。那个年代，小学还没有普及，沅江市内没有小学，南县离家相对较近，所以陈庆云去了南县读书。

益智乡中心小学是一所正规小学。从家到南县有一段距离，步行要三四个小时，陈庆云进入小学便开始住宿，住宿费不高，因此家里能够负担。

小学的课业有英文、算术、体育、音乐等。关于小学时期具体的课程学习，陈庆云没有太多印象，倒是对小学毕业时的情景记忆犹新。毕业时，同学们都会拿着一个小记事本请老师们题字留念，陈庆云也不例外。其他老师的题字，陈庆云印象已经模糊，只记得校长汤菱次题字："你很聪明，切不要见异思迁，你将来会有出息。"

陈庆云时常回想起这句话，他认为校长是提醒自己不要看到新鲜时髦的事物就改变主意。陈庆云自认为并不聪明，不过学习很用功，所以校长用"聪明"来鼓励他，而这句"切不要见异思迁"一直激励着陈庆云。

长郡中学

小学读完后,接下来怎么办,陈庆云并没有清晰的概念,务农的父母也没了主意。陈庆云的邻居是当地一个大地主家的管家,有些文化,他鼓励陈庆云跟自家的孩子一起继续读书。陈庆云的父母虽然文化水平不高,但是觉得儿子总归要有知识,不要做农民,"因为当时农民实在太苦了,特别是发水灾的时候,一片汪洋,家里什么都没有了。"因此,陈庆云的父母在内心深处觉得,得支持孩子好好读书。陈庆云年龄尚小,并不知道自己为什么要读书,只是对读书有兴趣,想通过多读书了解世界上的各种事情。

在邻居的鼓励下,陈庆云开始备考初中。彼时正值抗日战争期间,长沙已经沦陷,许多初中都搬到了乡下。陈庆云与邻居小孩一起,在父亲的陪同下走了一天多,到湖南省安化县蓝田镇(今涟源市蓝田镇)参加长郡联立中学校(简称长郡中学)的考试。陈庆云后来谦虚地称自己是很"幸运"才考上了初中:"当时也不知道怎么会考上,但是现在看来,应该是因为我一贯是个'书呆子'。"

"联立中学"是指由许多县联合设立的中学堂。从历史沿革上,长郡联立中学校肇始于清光绪三十年

（1904年）长沙府知府颜钟骥创办的长沙府中学堂，校址设在长沙市黄泥街，是当时长沙府唯一的一所府立中学堂。该校在长沙首倡新学。辛亥革命后，府制废除，原长沙府属12县的驻省中学合并于长沙府中学堂，更名为湖南长郡联立中学校，面向长沙、善化、湘潭、益阳等12州（县）招生。《湖湘文化通史》记载，1912年，湖南省有县立中学12所，其中湘阴、益阳、安化3所驻省的中学并入长郡联立中学校，其他则迁回原地与县立中学合并。1914年，湖南巡按使公署整顿各县联合中学，改名为湖南第一联合县立中学。三年后，该校增设师范科，改名为湖南长郡公学。相比省立中学，联立中学是由各个学校联合起来的，要略低一级。为了维持学校的运行，学生需要缴付少许学费。

长郡中学原来以长沙市三府坪前府中学堂旧址为固定校址，1938年秋迁至安化蓝田。安化是"八山半水半分田，一分旱土与庄园"的山区，山岭崎岖，步行艰难，有水的地方也是滩多水急，航行不便。由于地理上的这些特点，抗日战争爆发后，一些学校从长沙迁到这里，安化成为战争时期的湘中重镇，如湖南高等法院、国立师范学院以及湖南省会的许多公立和私立中学都迁至此处。

当时，长郡中学并没有正规的校舍，而是借用当地同乡会的房子——永兴统湘乡会馆为临时校舍。同乡会原本是当地同乡联络交流的场所，由于长沙沦陷，学校便临时借用了蓝田同乡会的一所房子。房子很大，有两层楼，看起来破破烂烂。长郡中学将同乡会的房子改造成多个隔间，作为教室。

陈庆云就读时，长郡中学的校长为鲁立刚。鲁立刚是湖南浏阳人，也曾在长郡中学就读，后毕业于国立武昌高等师范学校博物地学部，专攻地理。《当代湘籍著作家大辞典》记载，鲁立刚曾在国立东南大学任教，1924年回长沙，1936年起担任长郡中学校长，共13年。陈庆云就读期间，鲁立刚还创办了湖南气象测候所和《湖南日报》。《长沙市志》记载，鲁立刚在教育和地理学方面颇有建树，著有《地学概论》，亲自教授学生地理课程，立"朴实沉毅"为校训。陈庆云对他记忆尤深，并深感敬佩。鲁立刚的地理课教得特别好，那时的陈庆云很喜欢地理。

鲁立刚潜心教育事业，有自己的教育理念，强调尊师重教、重名轻利、用人唯贤、言传身教、救国育才及文理并重，这些都对长郡中学的维系起了很大作用。在他的影响下，长郡中学虽然条件艰苦，老师做事情却非常正规和严格。

省立一中与"移风社"

当时,成绩好的初中生可以直接升高中。以陈庆云的成绩,他本可以在长郡中学继续读高中,但因为家里负担不起学费,他放弃了直升高中的机会。当时,湖南省立第一中学(简称省立一中)不要学费,只收饭费,只需通过入学考试即可。

湖南省立第一中学创办于1912年,是湖南省创办的第一所省立中学,历史悠久。创办时名为湖南全省公立高等中学堂,1914年改名为湖南公立全省中学校,后来改名为湖南省立第一中学(今长沙市第一中学)。学校以"公、勇、勤、朴"为校训,勉励学生敦品励学。

1945年秋,陈庆云进入省立一中,先是在涟源县七星街的校址读了一段时间。七星街的师俭园,是师生们求学居住之处,同学们都是在校住宿,睡上下铺,每间宿舍一二十人不等。七星街是一个非常安静的地方,四面高山环绕,清澈的虎溪河从西边流过。课外,学生们常常坐在石桥、树下、山顶读书或休息。师生吃的大米是用从学生家中收来的谷子磨成,蔬菜是当地所产。校友喻卫华在长沙一中90周年校庆时曾作诗:"三载七星聚一堂,虎溪岁月最难忘。依依师俭园中别,劳燕归巢清水塘。"抗战胜利后，1946年8月，陈庆云随全校师生共1200余人，从七星街迁回长沙清水塘现校址。

省立一中的高中课程分为必修和选修两种，必修课有伦理学、国文、外国语、数学、历史、地理、化学等；选修课有中国文学、外国文化、文学概论、高等数学、高等生物学、高等物理学、分析化学、矿物学、法学通论等。省立一中注重英语教学，据《湖南省志》记载，民国时期学校的外国语教学以英语为主，授课时数为各科之首。陈庆云一直记得省立一中老师的谆谆教诲和严肃认真的治学精神，"母校的老师个个都不错，道德、学识在当时的中学界都是一流的"。

省立一中一直有爱国、民主的优秀传统，学校鼓励学生敢想、敢说、敢做，成立学生研究团体。五四运动中，省立一中的学生在湖南率先响应北京学生，发动和参与救国运动，组织了"文学研究社""求真学术社"等团体。1947年夏，省立一中的学生在中共长沙市地下党领导下，与全市学生一起开展反饥饿、反内战、反迫害的斗争，举行了"六·二"大游行。

除了课程学习，陈庆云还在同班同学郭道尧的影响下，加入了学校的进步学生组织"移风社"。"移风社"是1932年淞沪抗战后，由周信芳在上海组织的京剧演出团体，有时称"移风剧社"。"移风"即"移风易俗"之意，"旨在改变上海苟且偷安、妥协投降的风气"，剧社多演出爱国剧目。该社成立后，立即北上，到过济南、天津、北平、东北、青岛、南京、汉口等地，1935年回到上海。《上海京剧志》记载，1937年"八一三"事变后，周信芳重组"移风社"。省立一中的"移风社"由学生自觉组织，为地下党在学校的外围组织，成立于1945年。一大批思想进步、成绩优秀的同学，比如黄时美、何根生、黄孝瑛等都是"移风社"的社员。加入"移风社"后，陈庆云积极参加进步思想的宣传工作，比如出墙报等。

陈庆云对英语授课老师张普安赞不绝口。张普安戴着高度近视眼镜，教同学们英文会话，指导阅读课外书籍。他讲课时，总是左手持书、右手写板书，不看黑板，字却写得整齐秀丽。张老师待学生和蔼可亲，深受学生敬爱。陈庆云跟着张老师学习英文，还购买了一本《识别英文文法》，并参考这本书读英文、做习题，英文能力得到锻炼和精进。

1948年7月，陈庆云从省立一中毕业。当时，郭道尧的哥哥郭道晖正在清华大学读书。郭道晖于1947年夏考取了清华大学，是中共地下党员。在郭道晖的影响下，陈庆云报考了北京大学的西方语言文学系。

从西方语言文学系到化学系

入学坎坷多

1948年秋,陈庆云从长沙搭乘火车、轮船等多种交通工具,历时一个多月抵达北京大学,开始了四年的大学生活。北京大学开拓式的培养令他受益终身。

西方语言文学的范畴很广,有英文、德文等,侧重西方文学。陈庆云为什么想报考这个专业呢?因为他很喜欢看小说。高中时,凡是能找到的小说,他都看过了。陈庆云所处的年代,考大学、上大学是非常曲折和艰辛的,读完高中之后的出路很少。至于为什么想考北京大学,陈庆云当时觉得:"要考就应该考清华大学或北京大学,我不想学理,就学文。我喜欢英文,喜欢地理。但是作为一个职业,学地理也不见得是好事,我也不喜欢。"他考大学的主要目的是继续读书。他坦言:"当时没有细想将来要干什么,想法比较简单。"

当时考大学并没有统一考试,而是由高校在不同地区设置考点。北京大学在长沙没有考点,最近的考点在武汉,因此陈庆云必须到武汉去参加考试。他从长沙坐火车到武汉,火车上连座位都没有,一坐就是一个晚上。考试科目有地理、历史、英文、语文,还要写一篇作文。考完后,陈庆云对历史和地理没有太大把握,但他觉得英文考得还不错。

除了北京大学，陈庆云还同时报考了湖南大学。那时正值解放战争，通信不方便。1948年5月，参加完在武汉的考试，由于一直无法获知录取结果，他就去了中学当教员，讲授地理。那个年代，只有两种方式能收到通知书，一种是邮局寄来，类似现在的录取通知书；另一种就是登报。当时，陈庆云住在乡下，看不到报纸。直到有一天他收到一个小信封，里面是北京大学学生自治会的一个欢迎通知，信中说："你已经考上北京大学西语系，欢迎到北平来。"陈庆云由此推断自己被北京大学录取了。

由于战争，武汉到北平的火车不通，陈庆云只能从长沙坐火车到武汉，然后从武汉坐船到上海，再从上海坐船到天津，最后从天津坐火车到北平。因为没法提前买票，他到上海后等了好几天才买到票，到北平时已是十月了。原本正为自己迟到而惴惴不安，巧的是，他在汉口坐船时碰到了两个同到北京大学报到的同学。有了同伴，陈庆云心里一下子踏实不少。

十月中旬，陈庆云终于抵达北京大学。报到时，老师见他出示的是学生自治会的欢迎信，而不是入学通知书，略为惊讶，但也没有表示不能入校。入学经历也是一波三折。

由于北京大学不收取学费,还向每个学生发放助学金,因此除了报到时来北平的路费,家里此后就没再寄过一分钱。陈庆云从学校每个月给的助学金中节约一些出来,仅够买一些生活用品。虽然艰苦,但也足够支撑生活和学习。

彼时的北京大学,共有文、理、法、医、工、农6个学院、33个系、2个专修科。西方语言文学系、中国语言文学系、史学系、哲学系、教育系以及东方语言文学系共6个系,都属于文学院。文学院是北大的重要组成部分,在国内学术界享有盛誉。文学院的院长汤用彤是我国著名的哲学家、佛学家、教育家、国学大师,与陈寅恪、吴宓并称"哈佛三杰"。

陈庆云就读期间,朱光潜、冯至、蒯淑平、袁家骅、潘家洵、俞大缜、王云槐、燕卜逊(William Empson)等人也在西方语言文学系任教。可见,当时的北大西方语言文学系名师云集。

难得的读书时光

陈庆云到北京大学没多长时间,解放军就包围了北平城。因为饥寒交迫,收入维持不了生活,1948年10

月25日，北京大学82位教授联合发表《停教宣言》，提出："我们每月收入不过维持几天的生活，难以安心工作。政府对于我们的生活如此忽视，我们只能进行借贷来维持家人目前的生活。我们不得不决定自即日起，忍痛停教五日，并要求学校在一周内支二月薪金，以免挨饿。"在这种情况下，许多教授不上课，学生也不念书了。当时的环境虽然复杂，但是北京大学地下党组织的同志们一直在默默护校，北京大学校领导一直努力让学校正常化，这使得北京大学校园内还能有基本的学习保障，如电灯、水等。当时北京大学校址是分散的，有北京大学一院、二院、三院和四院。陈庆云和同学们住在四院，在北京国会街，就是现在新华通讯社所在地，离北京大学总部红楼很远。

虽然北平被围、学校停课，但是对于陈庆云来讲却是一段难得的读书时光。陈庆云所住的四院有一个图书馆，他每天在图书馆里看小说。在北京大学的第一年，陈庆云把四院图书馆的小说几乎都看遍了，不仅包括巴金的《家》《春》《秋》等中文小说，也有英文小说。

1949年1月31日，北平宣告和平解放。2月1日上午，各大专院校师生齐聚北京大学民主广场庆祝。此后，北京大学的教学逐渐恢复正常。

选修化学

北京大学的学制一般为四年，实行学分制，本科生的课程按照学分计算。在教学安排方面，北京大学对基础课比较重视，除了注重让学生掌握本门学科的基础知识外，也希望学生能了解与本专业有关的其他学科。例如，物理系的学生要学数学系的全部课程，哲学系的学生须选修一门理科课程。

《北京大学校史（1898—1949年）》记载，北大在课程设置上，以一般基础课为主，然后是专业基础课，最后是专业课。特别是在低年级时，基础课所占比例较大，学校鼓励学生"按照自己的志愿和实际情况获得一定程度的自主发展"，如东方语言文学系只修文学院共同必修课程。陈庆云所在的西方语言文学系要求学生在一年级时修习化学。

1948年出版、由北大讲师讲员助教联合会编写的《北大院系介绍》中有：化学系"一年级和理学院其他系差不多，本系课程只有普通化学。二年级功课较重，有定性、定量、有机等。三四年级有理论化学、高等无机、高等有机、微量化学、生物化学、工业化学等。除了本系课程外，还要读两年德文，物理系和算学系的课程也要读一些。为的是使基础更为坚固。"

有一天上化学课，老师对陈庆云等同学说："你们怎么还在这里？还不赶紧南下，帮解放军解放上海。"这位老师有进步思想，觉得当时最紧急的任务是支持解放南方，看到这么多学生依然在上课有点着急。陈庆云的不少同学都去了南方，陈庆云没去，他觉得："我来读书很不容易，刚从南方来，又跑回南方去干吗？我爱读书，虽然是特殊年代，但我这个年纪还是应该多读书。于是，我选择继续在北京大学读书。"

但是，留在北京大学应该做些什么？陈庆云开始思考自己为什么学文学了。他发现自己当初选择文学就是因为"好玩"，那时从西方语言文学系毕业后，主要工作是教书、做翻译，这对他来说并不是一个最佳选择。他很喜欢化学，而且发现化学更加实用，作为一个职业倒是不错。于是，1949 年 7 月，陈庆云转到化学系。北京大学的管理很人性化，转专业比较方便，不需要考试。当时北京大学化学系属于理学院，位于本部三院。转到化学系后，陈庆云就从四院搬到了三院。

名师荟萃的化学系

北京大学化学系彼时会聚了一批学识渊博的教授。

进入化学系后的第一年，陈庆云跟随系主任曾昭抡学习"普通化学"，跟随唐敖庆学习"化学数学"。

北京大学化学系的前身是京师大学堂格致科化学门，1910年首次招生，是我国国立大学中成立最早的化学系。20世纪20年代末，国立清华大学化学系、私立燕京大学化学系、国立中央大学化学系纷纷成立。1931年，曾昭抡应校长蒋梦麟邀请，担任北京大学化学系教授兼主任。1936年夏，唐敖庆"怀着对曾先生的崇敬"，投考北京大学化学系，"去曾先生门下求学"。

曾昭抡（1899—1967）十分注重教师队伍的建设，聘请了一些有才华的青年教授到北大化学系任教，对北大化学系的发展产生了深远影响。这些年轻教师开设了一些高水平的课程，比如，孙承谔（1911—1991）主讲"普通化学"、钱思亮（1907—1983）主讲"分析化学"、朱汝华主讲"有机化学"等。曾昭抡讲课很精彩，内容丰富，逻辑性强，深受学生欢迎。

唐敖庆是曾昭抡的学生，曾于1946年同李政道、朱光亚等，以助手身份随同曾昭抡、华罗庚、吴大猷赴美考察原子能技术。随后，被推荐留在哥伦比亚大学化学系攻读博士学位。1949年11月，唐敖庆获得哥伦比亚大学博士学位后辗转回国，1950年2月开始在北京大学化学系任教。陈庆云记得当时唐敖庆刚回国不久，讲授的内容非常前沿，"五十年代的时候，他就从数学的观点来讲化学，而中国兴起量子化学却是六七十年代的事情了"。

大学二年级时，陈庆云开始学习高崇熙主讲的"有机定量分析"。进入三年级时，陈庆云学习蒋明谦讲授的"高等有机化学"和徐光宪讲授的"物理化学"。徐光宪（1920—2015）1944年毕业于交通大学化学系，1951年获美国哥伦比亚大学博士学位，经好友唐敖庆邀请，回国到北京大学执教。

在曾昭抡任系主任期间，北大同学们对无机、有机、分析和物理化学课的反映都较满意。

当时和陈庆云一起学习物理化学课程的，不仅有北大的学生，还有防化兵部队来的军人、朝鲜金日成大学的学生，甚至还有兄弟院校的一些骨干教师。主要原因有三点：一是抗美援朝运动后，上海交通大学化学系的二年级学生参军，被编入防化兵部队，主要学习物理化学；二是朝鲜金日成大学化学系主任也带领一班青年学生和教师来进修物理化学和实验，约有十多人；三是国内兄弟院校派骨干教师前来北大进修物理化学。当时国内对教学都非常重视，所以派来进修的教师也比较多。当时北大学生不多，但是加上以上这些人，化学系的物理化学课程班有一百五六十人，在当时算得上是很大的一个班了。

化学系对物理化学这门课非常重视，派了三位业务很强的青年教师作为徐光宪的助教。一位是副系主任卢锡昆，一位是后来任系主任的孙亦梁，另一位是韩得刚。在北大授课压力很大，如果教得不好，会被学生"赶下台"，也不能留在北大任教了。

凭借在交大和哥伦比亚大学读书期间打下的基础，徐光宪积极准备并亲自编写了讲义，还附有22个"物理化学临时测验"，基本每周一次临时测验，有填空题、问答题、计算题等，此外还有"平时考试"。可见，北大化学系对于教学和学习的严格认真。

难忘恩师邢其毅

在这些教授中，陈庆云与讲授有机化学基础课的邢其毅最为亲近。邢其毅（1911—2002）是有机化学家、教育家，1933年毕业于辅仁大学化学系，1936年获伊利诺伊大学博士学位。1946—1949年受聘于北京大学农学院和理学院，兼任北平研究院化学研究所研究员、辅仁大学化学系主任。1952年院系调整后，任北京大学化学系教授。他提出了合成氯霉素的新方法，参加和领导了牛胰岛素全合成工作。

陈庆云当时是有机化学课代表,特别喜欢有机化学,课后常常就有机化学的相关问题求教邢其毅。邢其毅每次都非常高兴地跟学生讨论问题,耐心解答,鼓励和引导学生深入思考,这些对陈庆云后来从事有机化学研究都有着潜移默化的影响:"他教我们有机化学一年,从有机化学最基本的知识开始,一步一步、由浅入深地把我们带进有机化学这个广阔的天地。"除了书本知识,邢其毅还很重视有机化学实验,他说:"如果嗅不出氯仿的气味,那你不算学过有机化学。"

邢其毅的有机化学基础课每周有两堂,上课时,他穿着一身整洁的中山装,神采奕奕地走进可容纳250人的大阶梯教室,衣服口袋里还装一小瓶牛奶(当时他患有胃溃疡,需要在课间休息时饮用)。邢其毅讲课时精神焕发、声音洪亮,上课时从不用讲稿,只带一张小卡片。有时会带一些由不同颜色木球与铁棍做成的有机分子模型,以解释在黑板上难以表达的构型、构象和对映体等立体化学问题。他上课内容丰富,语言生动,深入浅出,引人入胜。

邢其毅不仅是一位有机化学家,还是我国有机化学教育的奠基人之一。他编写的《有机化学》(1957年出版），被大家亲切地称为"邢大本"，被教育部定为全国高校通用教材，是我国首次自编的大型有机化学教材。几十年来，他编写的有机化学教材成为各高等院校的教科书和主要参考书，几代人受益于他编写的教材。陈庆云就是其中之一。

陈庆云十分敬重邢其毅。1951年春，陈庆云所在的北大化学系全班二十几人还一起到北京砖塔胡同27号拜访邢其毅，师生如同亲人。陈庆云的女儿陈肖回忆，有一次邢其毅在上海开会，顺便来陈庆云家里做客。"我记得那几天父亲一直很兴奋，还拿出家里珍藏的邢教授专著《基础有机化学》给我介绍。那一天，84岁高龄的邢教授来到我家位于老式公房的四层楼，家里像过年一样热闹。"工作后，陈庆云每次去北京，都会拜访邢教授，邢教授也十分关心陈庆云，他们之间既是师生情谊更是学术挚友。

1952年，因为国家急需建设人才，原本四年制的大学，学生学习了三年就毕业了。这年夏天，陈庆云从北京大学毕业。也就是说，陈庆云在北京大学一共读了四年，西方语言文学一年，化学三年，这为陈庆云后来成长为一位既有坚实的科学基础，又有极高的人文素养的科学家，奠定了牢固的根基。

从长春到莫斯科

1952年，陈庆云从北京大学毕业后，被分配到中国科学院仪器馆（现中国科学院长春光学精密机械与物理研究所，简称长春光机所）工作，主要任务是对光学玻璃在制造过程中的成分进行分析，同时试制标准电池。

中国科学院仪器馆

1952年8月，陈庆云进入中国科学院仪器馆工作。中国科学院仪器馆由王大珩、丁西林、钱临照等几位科学家共同发起筹建，任务是"制造与文化建设、经济建设及科学研究工作相配合的精密科学仪器；促进国内科学仪器制造事业的发展"。仪器馆最初设在北京，后迁到长春。得知毕业分配结果后，陈庆云到文津街的中国科学院报到。一同报到的还有清华大学机械系的潘君骅，清华大学物理系的唐孝威、刘顺福、叶式辉，北京大学的邓锡铭等，一共二十多人。这二十多位新成员组成一个临时学习班，开始了一个多月的学习，学习内容包括胡乔木、郭沫若等在中国科学院院务会议上的报告，参观中国科学院院所，听王大珩副馆长介绍仪器馆情况等。

仪器馆筹建时，原本打算在北京西郊选址，但当时新中国刚刚成立，仪器馆既要承担科研任务，还要具备仪器生产能力，需要大片土地。加上当时国家的投资重点在工业方面，仪器馆如果设在北京，获得建馆经费和土地的时间都要延后。1951年，中国科学院决定在最早解放且具有一定工业基础的东北设立分院，发展东北地区的科学研究。《中国科学院长春光学精密机械与物理研究所所志（1952—2002）》记载，负责东北分院工作的武衡欢迎王大珩将仪器馆建到东北，时任东北人民政府主席高岗也表示东北人民政府可以投入经费马上建馆。王大珩考察了长春的地理位置和设施条件，认为可以以长春东北科学研究所附属仪器馆试验工厂作为基础建设仪器馆。1952年年初，中国科学院决定由仪器馆筹备委员会和东北科学研究所（中国科学院长春应用化学研究所的前身）联合在长春组建仪器馆，王大珩、龚祖同随即到长春办理接管手续。

仪器馆创立之初，房子破旧，人员构成也很复杂。除了王大珩物色的高级研究人员和技术人员，还有北京应用物理所光学车间的人员，长春东北科学研究所物理研究室光学仪器组和试验工厂的研究人员等，陈庆云和潘君骅等大学生也是其中的重要构成。

仪器馆筹建之初，王大珩便意识到光学玻璃在新中国建设中的迫切需要，向当时的东北人民政府申请了40

万元专款,并邀请龚祖同调入长春仪器馆,担任光学玻璃实验室主任,负责光学玻璃的试制工作。

1952年秋,陈庆云和干福熹、王世焯、张佩环、沃新能等大学毕业生来到仪器馆。王大珩安排陈庆云筹备玻璃分析实验室。当时实验室空无一物,连个凳子也未置备,烧铸玻璃的炉窑也没有建好,处于白手起家的筹建状态。陈庆云马上投入筹备建立实验室的工作中,负责买玻璃仪器、布置实验室房间。

光学玻璃实验室成立了化学组、原料和配料组、坩埚组、熔制组、检验组和行政组,共有研究人员18人,主要从事光学玻璃的研制和化学分析方法的建立。因为刚建立,需要探索的方向和开展的工作很多。仪器馆早先的机构设置是"口袋式",多种方向和仪器都有所探索,实验室承担方向的包容性很强。

仪器馆最初建立,被称为"馆",而不是"研究所",主要是为各行各业的仪器需求服务,先解决我国仪器制造"有"和"无"的问题。因此,除了玻璃分析工作,陈庆云还和其他同事一起试制一些标准电池。标准电池做了一段时间后,又开始做玻璃上的镀膜,一切按照仪器馆的建设方向来推进,陈庆云并没有专门的、固定的工作。

仪器馆建成后，很快便发展为不仅具有仪器生产功能，还能承担国家科研任务的机构，尤其是能够独立完成国家急需的重大军工项目，职能也随之发生改变。在负责人王大珩的带领下，仪器馆在1953年熔炼出了中国第一锅光学玻璃，让我国在应用光学的关键技术上不再受制于人，光学仪器制造不再被国外垄断，为自力更生发展光学事业奠定了基础。

随便圈了一个有机氟

1955年，上级部门给仪器馆几个留苏指标，报名人员要到沈阳参加考试，通过后才可去苏联学习。仪器馆派了两个人去参加考试，其中一个就是陈庆云。留苏入学考试内容包括有机化学、物理化学、政治、语文和英文。陈庆云接到通知时，距离考试仅剩半个月时间。

物理化学虽然在大学期间学过，但陈庆云对考试结果并不是很满意，有些考试内容他并没学过。倒是有机化学，他觉得考得还不错，几乎全做对了。有机化学试题很多，他估计出题人是邢其毅先生。

通过考试后，陈庆云到北京俄语学院留苏预备部集中培训，其间主要学习俄文。参加培训的学员中少有人学过俄文，所以老师们从单词开始教。除了俄文，还有一门政治课，通过该课程后，到苏联就可以不用修习了。此外，还有一些讲座和活动，如介绍苏联的文化、文学、歌曲，供学员们自由选择。当时俄语学院的学员有上百人，分为几批，来自全国各地，都是通过留苏考试后来此参加培训。

留学苏联的研究方向，在国内就已经选好了。陈庆云记得，有人发给他一个表格让他填写，其中有一项是选择研究方向，分别列着物理有机、金属有机、氟化学、硅化学、磷化学……这些方向对于陈庆云而言，都是全新的名词，以前没有听说过，既新鲜又有吸引力。他选填了列在第三行的"氟化学"。其实，他当时根本不知道氟化学是什么，选择这一专业纯属偶然。"我随便圈了一个'有机氟'，想不到这一圈便成了我的终身职业。"

1956年9月，出国前的陈庆云到北京大学燕东园拜访邢其毅，并征求邢其毅对他选择氟化学的意见。邢其毅用午餐为他饯行。闲谈时，陈庆云聊到了参加留苏考试的化学试题。陈庆云问邢其毅："邢先生，题目是不是你出的呀？"邢其毅笑而不答。陈庆云说："我有一道题目没做对。"这道没答出来的题，让陈庆云一直念念不忘。邢其毅笑着说："那个是催化反应的题。"陈庆云由此推断，题目确实是邢其毅出的。陈庆云最早就有这种预判，并不是无中生有，因为当年北京大学教授有机化学的老师就是邢其毅。

克里姆林宫的午夜钟声

1956年，陈庆云进入苏联科学院元素有机化合物研究所攻读副博士学位，师从苏联科学院院士、苏联军事科学院少将伊万·柳得格维奇·克鲁扬茨（I. L. Knunyants）和甘巴里扬（N. P. Gambaryan）博士，成为克鲁扬茨接收的第一位中国留学生。

苏联科学院元素有机化合物研究所组建于1954年。由于苏联科学院学术主席 A. H. 涅斯米扬诺夫领导该所工作长达26年，并作出了突出贡献，在他过世后，该研究所便以他的名字命名为涅斯米扬诺夫元素有机化合物研究所。这个研究所以元素有机化合物和高分子化合物领域的研究而闻名世界。

陈庆云的导师克鲁扬茨是亚美尼亚裔苏联化学家，是苏联氟碳化学学院的创始人，聚己内酰胺合成领域的先驱。克鲁扬茨师从著名有机化学家齐齐巴宾，专攻有机合成，还接管了齐齐巴宾的五间实验室并担任研究室主任。实验室在距离苏联科学院本部很远的地方，很陈旧，是一幢非常普通的房子，上面一层平房，下面是地下室。就是在这个最普通的实验室里，陈庆云开始了氟化学研究。

与陈庆云一同出发到莫斯科的留学生很多，到苏联科学院的至少有几十人。他们一道从北京坐火车，途经哈尔滨、西伯利亚，历经六天七夜，终于抵达莫斯科。留学生在苏联有生活费，每月大概800卢布。这些生活费可供留学生坐地铁、吃饭和其他日常开销。

到莫斯科后的前半年，陈庆云没有被安排进入实验室，而是继续和其他留学生一同学习俄文，由老师一对一地教授。老师教的第一个词是"人造卫星"，当时正值苏联人造卫星上天。

初到苏联时，苏联科学院为留学生搭建的宿舍楼还没有完工，留学生前半年都住在旅馆，之后才搬到专门为中国留学生准备的宿舍。留学生宿舍是两人间，陈庆云的第一个室友是梁栋材。梁栋材1955年从中山大学化学系毕业，毕业后进入苏联科学院元素有机化合物研究所学习X射线晶体结构分析，陈庆云和梁栋材一起住了一年多。

第二个室友是曾汉民，他1955年毕业于中山大学化学系，1956—1957年在苏联莫斯科门捷列夫化工学院学习，师从被誉为"塑料之父"的化学家彼得洛夫教授，从事酚醛树脂改性研究。后因导师病故，他于1958年转至苏联科学院元素有机化合物研究所，和陈庆云在不同的研究室。曾汉民于1960年取得副博士学位，后来长期从事高分子材料及其复合材料研究。

留学生在苏联的学习生活安排得很紧，是六天工作制，周一到周六都用来学习和工作，周日上午是政治学习，自由活动的时间只有周日下午。工作日，陈庆云总是上午七点多就从宿舍出发，乘地铁上班，中午不休息，一直到晚上八点才离开实验室，回到宿舍简单用餐后便继续学习，直到克里姆林宫的午夜钟声和苏联国歌奏响才就寝。周而复始，争分夺秒地学习。

暑假，陈庆云跟苏联人一起劳动。那时苏联的暑假有一两个星期，既可以去疗养院，也可以去莫斯科附近游玩，而且吃饭不要钱。但是中国留学生都不愿意去，因为时间太紧张，大家都希望利用这一两个星期的时间读书、做实验。1959年7月的暑假，陈庆云才决定与多名同学去列宁格勒游览一周，这是他在苏联留学期间最长的一次休假。这种紧张有序的生活，并没有让他感到枯燥和寂寞，而是非常充实。

20世纪50年代，苏联有三个有机氟化学研究中心，方向分工明确，分别是克鲁扬茨负责的苏联科学院元素有机化合物研究所与苏联军事科学院的氟化学研究室，专攻含氟烯烃与亲核试剂及亲电试剂的反应；雅克柏生院士领导的新西伯利亚实验室，专门进行含氟芳香化合物的反应研究，也是苏联科学院的机构；雅哥伯斯基教授领导的团队在乌克兰有机化学研究所进行含氟脂肪族化合物的反应研究。除此之外，还有专门研究和生产含氟材料的部门。这些都凸显出苏联当时在含氟化合物研究和生产领域的领先水平。

除了苏联，英国曼彻斯特大学哈泽尔丁实验室的氟化学研究在全世界名列前茅，几乎囊括了所有有机化学中的含氟领域研究，包括有机氟化合物合成方面的理论发展，为含氟药物、含氟材料等的实际应用提供了重要的合成方法，开发了许多含氟化合物的工业合成路线。哈泽尔丁因发现三氟甲磺酸而闻名，这是一种超强酸，具有极高的酸性和稳定性，被广泛应用于有机合成、催化反应等多个领域，是现代有机化学中不可或缺的重要试剂。除了经费充足，该实验室人员充足，三五人专攻一个课题，能够同时展开一系列的课题研究。实验室负责人哈泽尔丁能力也很强，可以同时指导一系列课题。陈庆云感慨："实事求是地说，当时苏联的氟化学技术比我们国家先进很多，与西方国家发展水平一样。国家需要我们去学习先进的科学技术，我选择去学是对的。"

即便如此，国际上的有机氟化学研究自20世纪40年代以来，经过十多年的发展，仍然是一个待开垦的领域。新发现的不少科学事实促使科学家相信，这是一个有着广泛应用前景的领域。有机氟化合物彼时虽然没有获得普遍应用，但是它在染料、塑料以及医药领域表现出了可预期的潜在应用价值。如氟代乙酸及其有关化合物、多氟脂肪族化合物、芳香族氟化合物等在制备方法、性质与结构关系等方面取得了一定进展。在多氟烯烃与炔烃领域，四氟乙烯等已被发现在工业上具有很大用途。多氟烯烃的聚合体是一种具有特殊稳定性的塑胶，与浓盐酸、氟氢酸、氯磺酸、氯均不起作用，是一种高性能的高分子聚合物。因此，这类多氟不饱和烃是化学家最为关注的研究对象。

导师克鲁扬茨负责苏联科学院和苏联军事科学院两边的实验室工作，平日非常忙碌。陈庆云这一批留学生每人都有一位"小导师"，在各个方面给予留学生具体指导和帮助。陈庆云的"小导师"是克鲁扬茨的学生甘巴里扬博士，大家都叫她"丹娘"。

刚进实验室时，陈庆云觉得自己什么都不懂，糊里糊涂地过了半个月。熟悉环境后，他就跟着丹娘做实验。陈庆云虽然在北京大学做过一些物理实验，但是有机合成化学实验做得很少。"北京大学当时对学生的培养，如果说有什么缺点，那就是有机实验做得少。为什么做得少？主要是当时能供学生操作的实验条件很少。战争年代，几所大学合并在一起上课，学生人数增多，导致动手实验做得少了。"

陈庆云记得刚到苏联时，导师曾说："这个学生怎么不会做实验？"陈庆云就想着："我一定要争气，为我个人、为国家争气。"靠着这个想法，他严格要求自己，"我是实验室第一个中国留学生，更要拼命干。"

经过一段时间的学习，陈庆云发现有机化学实验并不是很复杂。"就是两个东西加到容器里面再加热，看反应启动不启动。反应不启动，就失败了，要弄清楚原因；若反应起动了，原料变成了什么东西要分析清楚。"对陈庆云来说，基本的有机合成实验操作并不困难，难的是如何对结果进行分析。当时我们国家还没有核磁共振技术，而红外光谱分析方法在国际上也才刚刚问世。在国内的化学研究方法中，元素分析是唯一可靠的分析手段，但元素分析对化合物的纯度要求非常高。

"做元素分析，关键是化合物的纯度要高，如果用于分析的化合物不纯净，元素分析的工作就白干了。"当年陈庆云和实验室的同事们做的实验至少都需要 10 克、8 克，甚至几十克、上百克的原料加在一起反应，反应结束后得到的产物量很少，有时甚至一点都没有。"今天的学生们做实验，原料只用毫克级，产物用核磁和质谱检测，分析结果就出来了。60 年代没有这些仪器分析，就靠元素分析检测，所以那个时候做实验特别辛苦。"

研究六氟丙酮

克鲁扬茨特别重视基础研究，注重探索氟化学领域的基本反应。往反应中加入新的含氟原料，以此研究前人没有做过的实验、探索新反应的可能性，这就是实验室当时集中研究的方向。进入实验室一段时间后，陈庆云便开始研究六氟丙酮以及它的一些基本反应。之所以选择研究六氟丙酮的基本反应，是因为当时实验室还没有人研究六氟丙酮这种物质，虽然文献报道过六氟丙酮，但是它有哪些性质、能够发生什么反应、如何合成，几乎没有相关研究。

在研究六氟丙酮的反应过程中，虽然从聚四氟乙烯高温裂解会产生有毒的全氟异丁烯，但这是当时唯一能在实验室较大量制备六氟丙酮的方法。六氟丙酮对眼睛、皮肤、黏膜和呼吸道有强烈的刺激作用，吸入后可能导致严重的健康问题。而反应过程中产生的全氟异丁烯是一种剧毒物质，吸入少量即可引起头痛、咳嗽、胸痛、呼吸困难等症状。彼时实验室有简单的通风柜，但其通风效果远不及现在的通风橱。在实验过程中，陈庆云出现了严重咳嗽，这是非常危险的，他在喝完两瓶生牛奶、症状得到缓解后又接着干。一方面，陈庆云深感当年留苏的机会宝贵，祖国在那么艰苦的条件下送他们出来读书非常不容易。另一方面，他不想给中国人丢脸，因此非常珍惜时间。

几年以后，陈庆云的白细胞含量持续下降，数量极低。维生素 B_{12} 是白细胞成熟过程中不可缺少的营养物质，小导师丹娘等人就把自己的稿费拿出来买维生素 B_{12} 给他注射。当年在苏联写综述类文章是有稿费的，但是很少，尽管自己收入也很微薄，丹娘依然倾囊而出。后来因白细胞太低，注射维生素也不管用了，导致陈庆云的健康一直受此影响。

在六氟丙酮这个领域，陈庆云研究的第一个反应是最简单的格氏试剂与六氟丙酮的反应。在分析反应结果时，他敏锐地注意到所得结果并非预期的全氟叔丁醇，倒很像已知的高氟叔丁醇，不过沸点低了 3～4℃。这个结果困惑了陈庆云半年,最终他将这一现象告诉克鲁扬茨。得知这一异常现象的克鲁扬茨非常兴奋,他觉得这个实验结果非常重要,并同陈庆云反复讨论各种可能性,设想各种机理、路径来解释这一现象。

现在看来这只是很简单的实验,结果也并不复杂,但在当时,由于分析检测方法非常有限,陈庆云花了半年时间做各种假设并验证,克鲁扬茨也做了多种设想,最终才发现是使用乙醚作为溶剂产生的结果,即正常产物全氟叔丁醇与溶剂乙醚的恒沸物。在陈庆云的这个发现发表几年后,美国化学家也遇到了类似的恒沸现象,这也证实了他的结论。

经过这个项目的研究和探索,陈庆云解决问题的能力得到了很大提升,他感慨"失败往往能够锻炼人"。比他先入学的研究生同事也开玩笑说:"陈,你现在起飞了,进步快了。"对此,陈庆云倍受鼓舞,觉得此前的努力没有白费。

在陈庆云之前,有许多人想合成六氟丙酮,他们尝试了多种方法,但是往往不成功而且路线复杂。而陈庆云发现并设计的高温裂解方法最为简洁,所需原料只有聚四氟乙烯废料或者废品做成的粉末即可,易得且经济实用。直到今天,六氟丙酮的合成依然大多使用陈庆云的制备方法。

六氟双酚 A 与专利

陈庆云研究的第二个课题是合成六氟双酚 A。六氟双酚 A 的非含氟类似物双酚 A 是一种极为有用的化工原料，可以作为各种高分子材料合成的单体。陈庆云认为，六氟双酚 A 可能是一种性能更加优异的双酚 A 替代物。要得到它，需要在双酚 A 中将两个甲基替换成两个三氟甲基。通过多次实验，陈庆云发现无水氟化氢是六氟丙酮与苯酚反应很好的缩合剂。苯酚加无水氟化氢，再加六氟丙酮，在 100℃条件下就可以高产率地得到六氟双酚 A。这一方法原料易得，反应条件温和，后处理简便，产率优秀。克鲁扬茨知道后非常高兴。1959 年，该方法获得苏联专利，直到现在，这种方法仍被美国、日本、德国和英国各大化学公司沿用。

氟橡胶具有多种优良的性能，当时已经被用于弹性密封材料。但同时面临压缩后永久变形程度比较大的缺点，所以国内外都在想办法改善氟橡胶的压缩变形。而六氟双酚 A 作为硫化剂，可以大大降低氟橡胶的永久压缩变形。上海合成橡胶研究所自 20 世纪 60 年代就开始专攻六氟双酚 A 的合成，使用的方法就是利用无水氟化氢做缩合剂。六氟双酚 A 是一种重要的化工原料，在今天依然广泛用于合成高性能聚合物。陈庆云的这项研究不仅奠定了他在有机氟化学领域的地位，也为他回国后研究含氟材料提供了关键技术支持。

陈庆云的另一个研究课题是六氟丙酮与含活泼氢原子化合物的反应。当时许多实验室都没有六氟丙酮这种原料，所以这些工作就成为陈庆云所在实验室的优势与特色。在这类研究中，值得提及的是六氟丙酮与硝基甲烷或丙二酸酯的反应。陈庆云成功制备了两种含双三氟甲基的乙烯。在分析反应过程时，一个意外出现了：根据已有的文献报道，在这两种结构非常类似的含氟乙烯中，硝基和酯基与三氟甲基的拉电子能力表现出了相反的情况。这究竟是什么原因呢？经过反复探索，陈庆云使用自己设计合成的两种新化合物进行试验，进一步确证了这个反常现象的存在。

陈庆云根据这一结果撰写了文章，经克鲁扬茨亲自修改推荐到《苏联科学院院报》。这份刊物在当时的权威性很高，不仅是苏联最高学术机构的重要出版物，也是苏联科学研究的核心载体和国际交流的重要窗口，是苏联科学家展示最新研究成果的重要平台，代表了苏联在各个科学领域的最高水平。苏联科学院院士们的研究成果通常会优先发表在《苏联科学院院报》上，不仅保证了这份刊物的权威性，而且上面发表的成果对当时新技术部门的发展产生了深远影响，比如无线电电子技术、聚合物化学等。这说明，陈庆云的研究结果不仅在学术上有重要价值，还对于推动氟工业技术有潜在的应用价值。

按惯例，这篇文章的署名顺序是导师、丹娘、陈庆云，但克鲁扬茨将陈庆云排在第一，自己排在最后；而丹娘则坚持把自己的名字删掉，理由是她没有参与这一工作。当陈庆云收到校样时，看到没有丹娘的名字，认为不妥，因为如果没有丹娘的帮助，自己不可能有这样的进步。他非常尊重丹娘所作的至关重要的贡献，感激丹娘对他的倾心指导。为此，他马上赶到《苏联科学院院报》编辑部，把丹娘作为第二作者添加到论文中。

严厉的导师与活跃的集体

克鲁扬茨对学术要求非常严格。他是苏联科学院院士，也在苏联军事科学院工作，获得少将军衔。他去科学院的实验室时常穿军装，较少穿普通衣服。导师每周二、周四会到实验室依次检查大家工作，来了之后的第一句话是问好，第二句话就是问"有什么好结果、有什么新进展",如果没有新结果,他的脸便马上"多云转阴",甚至训斥学生,因此实验室的人都很勤奋刻苦。

由聚四氟乙烯裂解生成六氟丙酮,拿到产物是很不容易的。一次在做六氟丙酮的合成实验时,陈庆云没有将装有产物的玻璃瓶放在安全的位置,被克鲁扬茨责备道:"怎么搞的,放在这个地方不安全,你知道花了多长时间、多大力气才拿到它吗?应该再加一个外罩。"导师穿着军装,发起脾气来着实吓人。导师走了以后,旁边的人过来安慰他:"陈,你别计较,他今天情绪不好。"陈庆云后来仔细想想,觉得导师批评得对,这是自己从头到尾花了很多力气、冒着中毒的危险才得到的产物,万一瓶子碎了就白费工夫了。

克鲁扬茨也非常鼓励实验室同事之间的学术讨论和互相帮助,支持创新和创造,给空间让学生们自主研究。虽然克鲁扬茨在一开始讲得很明确——他交代的反应实验课题一定要做,但同时也鼓励大家做自己想做的任何实验,非常尊重学生和助手的提议。这使实验室形成了一个传统,那就是大家都很乐意讨论学术问题。有时候中午吃饭时,大家会坐在一起边吃边讨论,或者在工作间隙边喝咖啡边讨论,甚至争得面红耳赤。陈庆云经常看到克鲁扬茨和同事讨论或争论学术问题,有时甚至打赌，赌上一瓶伏特加酒。

在这种氛围下，不管是学生、老师还是院士，在讨论问题时，大家都是平等的。"你可以说我这个想法不对，我也可以说你的想法不对，大家争论得很激烈。对实验室的同事来讲，这是很自然的一件事。"克鲁扬茨特别喜欢别人和他讨论学术问题。有一次，师生四人正在讨论某个问题，争论半天，克鲁扬茨说这样，学生们说那样。好不容易有个结果出来，这时进来一位学生，问："你们在讨论什么问题呀？"克鲁扬茨说明后，这位学生哈哈大笑，说某某人不是早就做出来结果了吗。四人顿时哄堂大笑。

陈庆云被这种平等的讨论氛围所感染，他觉得营造这种氛围不容易，"讨论时不需要顾及你是老师、我是学生"，不仅学生们可以直接说："老师，我觉得你这个观点不太对"，而且当有人提出一个机理没有弄明白，或者一个实验结果与预期完全不同时，大家就会纷纷出主意。

克鲁扬茨的学术视野相当开阔，对氟化学、有机化学甚至是药物化学领域的研究都相当熟悉。正是在这种既严格又平等、和谐融洽的氛围下，实验室基础研究成果层出不穷，完全可以和当时国际上有名的英国曼彻斯特大学哈泽尔丁实验室相媲美。陈庆云在苏联留学时期的进步也特别快，基于自己的研究工作，他一共发表了8篇文章，并申请到1个专利。1959年6月，由于在研究含氟丙酮工作中的优异表现，陈庆云在苏联科学院元素有机化合物研究所青年专家会议上被授予光荣证书。

经过四年的学习和研究，陈庆云完成了以六氟丙酮反应为主题的相关研究和副博士论文。1960年5月7日，克鲁扬茨在陈庆云副博士论文的扉页上写下一段话作为勉励："和你在一起工作很愉快，祝你回国后为祖国作贡献……"这既是对陈庆云工作的莫大认可，也是对他研究前程的无限祝福与期望。

6月15日，陈庆云顺利通过副博士论文答辩。按照传统，答辩当日要举行酒会以答谢研究室全体同事。陈庆云早就想好，要做一道有中国风味的红烧鸡，为此，他还专门到大使馆买酱油（当年苏联没有酱油卖）。同事们在品尝了陈庆云亲手做的红烧鸡之后，都倍加赞赏。

因氟化学接续情谊

陈庆云是克鲁扬茨在有机氟化学研究室的第一个中国留学生。在他之后，陆陆续续又从中国派去了三位留学生，分别是黎志远、宗慧娟和李维刚。陈庆云留苏期间，时任高教部副部长的曾昭抡曾访问苏联科学院元素有机化合物研究所。曾昭抡对中国氟化学的发展非常关心，当时中国还没有氟化学学科，他很早就想派人去苏联学习氟化学。

曾昭抡在1957年冬天特意带了一个代表团，一行五六人去拜访克鲁扬茨。访问结束后，他对陈庆云说："你的老师很厉害，不仅精通氟化学，还对药物非常精通。"曾昭抡后来到武汉大学任教，在武汉时，他还嘱咐南开大学的学生要抓紧把氟化学发展起来。陈庆云到苏联的第二年，南开便派了一名学生到苏联学习氟化学。陈庆云对此深有感触："曾昭抡这一代科学家的精神确实令人感动，在巨大的压力下，还一直关心中国科学和氟化学的发展。"

1960年6月29日，陈庆云与其他留学生一起，乘坐火车回国。火车开了七天六夜，从莫斯科到西伯利亚，途经哈尔滨，最后到达北京。这是一列留苏学生专车，火车上有陈庆云认识的同学，也有不熟悉的留学生，大家都异常高兴。

由于中苏两国火车铁轨的宽度不一样，列车到达中国边境时，需要停靠一个小时更换车轮。当火车在边境停靠，即将跨越国境时，留学生们异常激动，眼泪奔涌而出，四年的思乡之情在这一瞬间释放。大家一边流着泪，一边使劲地鼓掌。"当时大家对祖国的感情非常真挚，留学生们都有一颗爱国的赤诚之心。"90多岁的陈庆云回想起来，依然十分感动，"现在大家出国的机会多了，回到祖国时的体会也许就没这么深刻了。"

陈庆云回国前，实验室的同事送给他由聚四氟乙烯做成的一块板和一根棒，当时中国还没有条件和能力生产聚四氟乙烯。从苏联带回的聚四氟乙烯，陈庆云一直保留着。虽然在今天，这是极其平常的材料，但如果回到20世纪60年代，置于我国高分子工业发展的特定历史时期来重审它的价值，就可以看到我国在化学工业和化学研究领域这六十余年的长足进步。可以说，这个物件承载着中苏友谊，也记录着氟化学研究的发展脉络。

2020年，陈庆云将这块已稍微发黄的聚四氟乙烯板捐赠给中国科学家博物馆。

国防事业中的氟材料研究

在苏联留学期间，导师的严格要求加上实验室和谐融洽的学术气氛，让陈庆云在六氟丙酮的研究中受到了严格训练，这一成功的起点激发了他探索未知的强烈欲望，陈庆云笃志研究有机氟。1960年，陈庆云从苏联留学回国后，来到位于北京的中国科学院化学研究所（以下简称化学所）继续氟化学方面的研究。

进入化学所

当时，氟化学研究与军事工业关系密切。自1939年第一次发现聚四氟乙烯以来，促使有机氟化学产品迅速发展的最大动力来自军事工业的需要。在航天工业中，含氟材料用作火箭燃料的添加剂、卫星仪器仪表的温控涂层等。20世纪40年代初，由于原子能发展的需要，具有高度耐腐蚀性的全氟碳化合物、全氟油和聚合物（如聚四氟乙烯）等成为原子能工业中应用气体扩散法分离铀同位素所不可缺少的材料，从此开始了有机氟化学和含氟材料工业的蓬勃发展。美国康奈尔大学化学系米士（William T. Miller）教授发明的氟氯烃聚合物，在"曼哈顿工程"中就起到了重要作用。陈庆云留苏时所在的元素有机化合物研究所，有一部分氟化学的研究工作就是美苏军事竞争中的关键技术。

回国后，陈庆云和其他留学生先到北京的中国科学院报到，然后在北京外国语学院参加半个月的政治学习。在中国科学院报到时，人事处的负责人问陈庆云："长春光机所和中国科学院化学所都希望你去任职，你愿意到哪去？"陈庆云是长春光机所派出去的，长春光机所自然希望他回去工作。但考虑到长春光机所的工作主要与无机化学有关，与他在苏联学习的有机氟化学方向不一致，因此他决定去化学所。

此前，化学所的蒋锡夔和上海有机所的黄维垣看到陈庆云在《苏联科学院院报》上发表的文章，都希望陈庆云回国后到自己所在的研究所工作。其实，早在陈庆云没有回国前，蒋锡夔就向中国科学院提出，希望陈庆云到北京化学所工作。可见当时国内对于氟化学研究人才的渴望。

蒋锡夔是我国物理有机化学和有机氟化学的奠基人之一。1947年获得上海圣约翰大学化学系特等荣誉理学学士学位，后来到美国华盛顿大学攻读博士学位。1952年，他进入美国凯劳格公司工作。这是一家跨国公司，其化工技术和含氟产品尤为著名。中美关系紧张后，蒋锡夔与留美爱国学生一起，冲破重重阻挠，回到祖国怀抱。1956年3月，他进入中国科学院化学研究所工作。在当时兼任化学所第一任所长的曾昭抡建议下，蒋锡夔在化学所开展有机氟化学研究。1957年，蒋锡夔将亲电性强的三氧化硫与三氟氯乙烯发生反应的工作发表在《化学通报》上。不久，克鲁扬茨用三氧化硫与四氟乙烯反应，获得了和蒋锡夔一样的产物，并在论文中引用了蒋锡夔的工作。可见，他们从事的研究都属于当时国际前沿且极具应用价值。蒋锡夔邀请陈庆云到北京工作，不足为奇。

黄维垣1952年从哈佛大学化学系博士毕业后，继续担任博士后研究员，1955年进入中国科学院上海有机化学研究所工作。他眼界开阔，利用自己的学识很快带动了中国有机化学研究方法的变革，并迅速与国际接轨。黄维垣通过演讲和报告，向同行讲授国际最新的构象分析理论和方法，在国内首先推行将红外光谱分析技术应用到化学反应过程中。1958年，上海有机化学所成为国内最早引入红外光谱仪的研究机构之一。黄维垣意识到，要让红外光谱分析真正成为有机化学研究的利器，仅引进仪器还不够，还需要掌握相应的理论。为此，他专门翻译书籍，普及与仪器分析相关的理论。"两弹一星"工程在1958年拉开序幕后，上海有机所将方向调整为硼氢高能燃料、有机氟材料、元素氟、萃取剂和有机锡防霉剂等。在这种情况下，黄维垣对于专门研究氟化学的陈庆云，也是求贤若渴。

1960年秋，陈庆云来到化学所，加入蒋锡夔的氟橡胶课题组。黄维垣后来和陈庆云笑谈："蒋锡夔先生手快啊，化学所捷足先登。"

氟橡胶1号

陈庆云到化学所之前，蒋锡夔已经和课题组的研究人员在研制氟橡胶了。20世纪50年代，由于国防需要，化工部专门成立了为国防工业服务的机构，主要任务是为"两弹一星"生产新型化工材料——氟橡胶和氟树脂，这两类材料具有其他材料不可比拟的优异性能。氟橡胶被称为"橡胶之王"，由于碳氟键的稳定性远远高于碳氢键，氟橡胶比一般的橡胶具有更好的性能，比如耐高温、耐油、耐溶剂、耐多种化学药品侵蚀、气密性好、耐强氧化剂等，同时具有良好的物理机械性能，可作为新型飞行器零件中的垫圈，还可用于航空、导弹、火箭、舰艇、原子能等国防领域。美国杜邦公司在1948年就开发成功氟橡胶，并逐步实现了商业化，但美国对中国进行技术封锁，禁止向中国运送氟橡胶和氟树脂，对合成过程更是严格保密。

我国的氟化学工业刚刚起步，氟橡胶研究更是空白。许多新化工原料只在书本上看过，并没有做过。1957年，化学所接到国家任务，开始研制有机氟橡胶。蒋锡夔接受了这项工作，担任化学所新成立的氟橡胶项目组组长。副组长由1956年从苏联列宁格勒化工学院留学归来的高分子专业的胡亚东担任。

项目组面临白手起家的困境。出于保密需要，包括援助中国的苏联专家也没有告诉他们具体的做法。陈庆云坦言："我虽然在苏联学了四年，当时苏联已经有一套成熟的东西，专利都有，但是怎么做就靠你的本事，别人不可能告诉你。"

陈庆云的到来，进一步加强了化学所氟橡胶项目组的科研力量。由于承担的任务非常重要，化学所的氟橡胶项目组后来从有机化学研究室独立出来，并配有一栋两层楼的房子作为实验室，研究人员多达几十人。

氟橡胶研制的关键，在于制备含氟烯烃的单体。蒋锡夔负责的氟橡胶项目组选择单体作为合成目标。1958年，化工部集中了中国科学院与部分高校的科研力量，进行国防化工产品的试制和生产。中国科学院化学所、上海有机所、长春应用化学研究所和复旦大学的研究人员召开专门讨论会，确定了4种不同的氟橡胶合成路径。

为了稳妥可靠，由4家单位分别开展合成途径的探索和实验，半年后再带着工作进展在上海见面。

在克服了实验条件简陋、含氟原料供应短缺、经验不足等困难后，北京化学所在5个月内合成了单体原料，并进行了聚合反应的实验工作，最终获得一块白色的氟橡胶。

1959年5月初的上海，和风拂面，蒋锡夔和胡亚东等人带着装着氟橡胶样品的试管到上海汇报工作进展。当那块被透明液体浸泡的白色固体橡胶呈现在大家眼前时，与会人员异常兴奋，合成路线和样品受到肯定，被选定为军工产品的原料。又经过两个多月的努力，在上海有机氟化工厂研制出军工产品，这是中国人合成的第一块氟橡胶，后来被命名为"氟橡胶1号"。

"氟橡胶1号"虽然成功研制出来，但是工业化制备存在缺陷，氟橡胶所需的两个单体——六氟丙烯和偏氟乙烯的获取路线都太复杂。其中，六氟丙烯使用电解氟化的方法获得，过程复杂、产量低、效果差、成本高，无法应用在工业上。因此，虽然化学所成功获得了"氟橡胶1号"样品，但六氟丙烯的问题不解决，已有的合成路线就无法实现量产。

能不能用一个低成本的方法制备六氟丙烯？陈庆云

开始考虑更换路线来合成六氟丙烯。陈庆云和蒋锡夔等人在研究二氟氯甲烷高温裂解制备四氟乙烯的过程中发现，当裂解时间延长时，会有少量的六氟丙烯生成。根据已有理论，四氟乙烯在 600～700℃ 的高温下裂解后，可以获得六氟丙烯。有鉴于此，他们设想通过优化条件得到更多的六氟丙烯，从而直接通过二氟氯甲烷高温裂解实现六氟丙烯的高效合成。这种方法的优点是反应过程简单，只需在高温下将四氟乙烯气体裂解即可；缺点是裂解后产生的副产物多，将副产物分离开来十分困难，需要用到操作难度很高的低温分馏技术。

为了实现产物分离，陈庆云探索了相当长的一段时间。一般的分馏操作，比如将酒精和水分开，只需要加热蒸馏酒精和水的混合物就可以。低温分馏却需要先将所有的混合物冷却成液体，再慢慢升温，根据混合物中不同物质沸点的不同，慢慢调节温度，在不同的温度下收取需要的产物。在这个过程中，先蒸馏出来的是沸点低的物质，然后是沸点高的物质。混合物中的不同成分必须分离开，才能得到想要的物质。低温分馏的操作过程十分复杂，对操作技术要求很高。

六氟丙烯的制备过程条件苛刻，需要高温加热、冷冻和低温分馏，再将分馏的气体产物装到钢瓶中。除了对科研能力要求高，还考验动手能力。要实现这些复杂度高的操作，高温炉、低温分馏仪以及检测仪器都要自己制作，一个零件一个零件地设计与拼接。研究室当时有一部分复员军人，他们不懂技术，但可以负责取冷冻液、液氮、干冰等重要的体力劳动，让陈庆云等科研人员可以安心地进行低温分馏实验。

陈庆云在苏联研究六氟丙酮时积累了丰富的实践操作经验，这对他探索获取六氟丙烯的工作起到了关键性的助力作用。经过两年多的努力，陈庆云终于找到了制取六氟丙烯的最佳条件，为大量生产六氟丙烯提供了依据。通过六氟丙烯、偏氟乙烯和四氟乙烯的共聚，陈庆云等人陆续研制成功了"氟橡胶2号"和"氟橡胶3号"，为国防事业提供了支撑。

1965年全国科学大会上，氟橡胶项目获得科学大会奖，1966年又获得国家科委颁发的发明证书。

调入上海有机所

20世纪60年代初期，国内有几个单位同时开展和推进氟橡胶的研制。除了中国科学院化学所，上海有机所也成立了有机氟化学研究室，上海市化工局还成立了上海特种橡胶研究所，专门进行有机氟材料的研制与开发工作。尽管如此，有机氟化学的研究在中国仍属于空白领域。即使在世界范围内，有机氟化学的兴起也是20世纪40年代的事情，仍然是一个亟待开垦的领域。不仅在橡胶塑料领域，有机氟化合物在染料和医药领域亦表现出了可预期的潜在应用价值。也就是说，对有机氟化学展开研究，不仅对于国防军事，对于国民经济也有非常重要的价值。

1963年，六氟丙烯的简便合成方法研制出来后，做氟橡胶的另外一种原料——偏氟乙烯从哪里来就成了一个问题。氟化氢是研制氟橡胶的基本原料，供应工厂只有上海鸿源化工厂。由于氟化氢是一种高危化学品，运输和储藏条件都十分苛刻。因此，化学所做氟化学方面的研究，只能到上海去拿实验原料，非常不方便。

陈庆云说："当时上海鸿源化工厂很有名气，技术人员储备等各种条件都比北京好得多。因此研究含氟材料，上海的条件比北京好。当时在北京很难做电解实验，而电解的方法上海很早就有了。所以国家和中国科学院考虑，能不能把做含氟研究的单位集中起来。"1957年9月，上海鸿源化工厂初步试制成功了聚四氟乙烯。1958年，厂里成立全国性聚四氟乙烯工程技术攻关组，9月研制成功可以成型的聚合物。1961年11月，在上海鸿源化工厂全国攻关会战取得小试过关的基础上,化工部同意聚四氟乙烯中试装置设在上海有机氟材料研究所内。接着,上海合成橡胶研究所建成年产30吨聚四氟乙烯中试车间。

在研究力量方面,上海有机所根据国家军工需要,由黄耀曾、黄维垣、戴立信等带头组织成立了有机氟化学研究室,田遇霖、田庚元和张毓凰等人组成了项目组,承担四氟乙烯的研制,在有机所的实验厂形成了一定规模。

1963年,中国科学院邀请各研究所的党委书记和部分研究人员前往各个研究所巡回视察。视察结束后,专门召开会议,讨论北京化学所和上海有机所的调整方案。会议决定,将蒋锡夔负责的氟橡胶项目组调入上海有机所。

1963年7月,陈庆云和蒋锡夔、路之康、吴成九、马振中、刘连星等一行人从北京迁到上海。胡亚东和蒋丽金两位主要成员因故留在化学所,继续开展其他研究工作。陈庆云回忆:"我们不但来到有机所,还把化学所的仪器都搬到上海,比如色谱仪,那个时候色谱仪还很稀有。"

将化学所调到上海来,国家是从整体上考虑的。陈庆云认为这是非常正确的决定。当时北京有一个专门的高分子实验室，做聚合的经验和条件比较好，但上海的工业条件比北京好，合在一起就是优势互补。另外，上海有机所当年以做天然产物为主，就金属有机、氟化学、磷化学而言，上海的实力并不突出，而一旦把北京的人员调过来，就增加了上海有机所的力量。

全方位开展氟化学基础研究

北京化学所的部分人员迁往上海后，成为上海有机所第九研究室（有机氟研究室）的一个大组。上海有机所的有机氟研究室是为从事国家任务专门设立的，主任是黄维垣，下面设置三个小组。由于研究人员力量的增强，有机氟研究室在黄耀曾和黄维垣的领导下开展了全方位的氟化学基础研究。

"搞原子弹，要攻克三大技术难关"，时任中国科学院党组书记、副院长张劲夫曾如此总结原子弹研制的难度。其中最重要的也是难度最大的工作，就是通过氟化铀连续扩散，把氟化铀-235与挥发性差异微小的氟化铀-238分离和浓缩出来。

1960年11月，有机所接到"111任务"，研制扩散分离机的润滑油，既要耐腐蚀性、有润滑作用，又不会燃烧。为了研制这种润滑油，黄维垣带领研究人员寻找合适的原料油品种、选择氟化试剂、探索氟化条件、建立后处理方法。

探索氟化的过程非常艰苦。有机所的实验楼在枫林路，楼前有一块空地，黄维垣和其他研究人员在空地上搭了个简易的棚子进行实验，操作都在外面进行。最终经过调配，研制出成分和性能等十几项技术指标都符合要求，并与样品油相当的含氟润滑油。经过有机所实验厂的小试和放大实验，1963年年初，实验厂建成年产1000千克的试生产车间，开始向使用单位提供中国自己制造的氟油。这些工作，成为我国第一颗原子弹爆炸成功的前提。

陀螺油在导弹、卫星等系统中发挥着关键作用。在陀螺仪中，陀螺油作为陀螺球的支撑剂，可满足航天器以及船舰长期安全航行的要求。导弹、卫星、飞机以及舰艇在运行时需要一套系统来调节和控制平衡，这类运载系统的平衡一般以前进方向或者主轴方向作为基准，对其上、下、前、后、左、右进行调节和控制。陀螺仪就是为了实现这种目的，用液浮将整个陀螺泡在液体中，这种陀螺仪被称作液浮陀螺。液浮陀螺所需的液体具有高比重，还要耐高温、耐辐射、无腐蚀性。氟溴油的各种特性使其非常适合作为陀螺油。

调入上海有机所后,陈庆云和研究室的同事所做的一项国防军工课题就是调聚含氟陀螺油。这项工作是在蒋锡夔的带领下进行的,做了两年左右。"调聚"就是调节聚合,是一种重要的聚合技术,即通过使用调节剂实现对聚合物分子量和结构的精确控制,从而满足不同应用领域的需求。陈庆云小组设计的方案,是以三氟溴乙烯作为原料制备氟溴油。氟溴油研制成功后,在上海有机所实验厂进行了生产,并应用于航天工业。值得一提的是,虽然当时氟溴油的研制主要为满足航天需要,而不是民用,但是这一研究后来也向民用发展。上海有机所至今还在针对各种应用需求开发氟油,目前国防用的导航陀螺油就是上海有机所开发的产品。

20世纪60年代开始,在含氟有机化合物的研究与调聚反应方面,上海有机所的氟化学研究室从最基本的原料四氟乙烯开始,研究了四氟乙烯的悬浮聚合、分散聚合以及同其他烯烃的共聚合反应,获得了以四氟乙烯为基础的各种氟材料;并与工业部门共同努力,促进了这些氟材料的生产和应用。有机氟研究室人员按照各自的专长和优势分工,有的专门做聚合物单体,有的专门做聚合,有的专门做测试,有的专门负责实验厂小试。

在这种实验室研究集智攻关克难、研究所实验厂小试、工业生产部门扩大生产三者紧密配合下，到了60年代末，国外的有机氟化学产品，我国基本上都有了。

高能炸药黏合剂与四氟肼

制造高性能炸药用的高能黏合剂研制，也是20世纪60年代一项紧迫的国防任务。当时，我国正在集中力量攻关原子弹研制，北京九所是牵头单位。原子弹的主体炸药用的是TNT和黑索金。黑索金是当时能量较高的单质炸药，我国还不能生产，需要从苏联进口。要将TNT或者黑索金做成方便使用的炸药，首先需要黏合剂将这些原料黏合起来。

当时，董海山从列宁格勒苏维埃化工学院核用高能炸药专业学成回国，发现中国火炸药科学研究和工业制造技术水平与苏联存在一定差距，于是向北京九所领导朱光亚、王淦昌、陈能宽等汇报了关于苏联在新型高能炸药研究方面的成果，并很快整理出近十万字的《新型高能炸药合成化学》。在听取了董海山的汇报后，朱光亚向二机部提交建议报告，请求在中国开展新型高能炸药研究。此后，国家决定围绕核武器用新型高能炸药开展全国性的协作攻关，并将此项攻关任务取名为"142

任务"（也称"142会战"）。攻关地点选在了当时火炸药研制实力最强的三机部西安三所。上海有机所、兰州化学物理研究所、二机部九所等也被组织起来协作攻关，目标是合成和制备出满足核武器特别是氢弹所需的高能炸药。

1965年，陈庆云被调入黄维垣的研究小组，进行炸药的高能黏合剂研究。这是一种含硝基的橡胶，用于将粉末状的炸药黏起来。高能黏合剂与普通黏合剂不同，如果用普通的黏合剂黏合炸药，会损失炸药的能量，这就需要黏合剂本身具有能量，也就是需要高能黏合剂来为炸药服务。研制含氟的高能黏合剂，不仅需要将炸药TNT或者黑索金黏在一起，还不能让能量损失，也就是说其自身需要具有高能量，它的主要成分是硝基化合物。除了上海有机所，当时还有好几个单位在做高能材料，不同单位都在合力做一些试探性工作。

上海有机所参加高能黏合剂研究的有十余人，在实验厂做研究。当时黏合剂的研究并没有一个具体目标，没有规定一定要做哪一种黏合剂，只要敏感度不要太大、能量不要减少、能够把炸药黏在一起就可以了。不同单位将各自的研究进展和结果汇报给二机部，二机部再根据实际效果进行鉴定和挑选。

1967年，含硝基高能黏合剂的研制工作进行了一段时间后，陈庆云被指派进行含二氟氨基高能黏合剂的研制，这是当时国际上最新型的一种高能黏合剂。合成二氟氨基高能黏合剂的关键之一，是要合成四氟肼，然后将它和普通黏合剂反应，将二氟氨基团引入其中，就可得到含二氟氨基的高能黏合剂。

四氟肼的特殊性和重要性在哪里？1968年《化工产品品种赶超参考资料》中，对四氟肼有如下描述："一种无色液体，由四个氟两个氮组成，沸点很低，为-73℃。用途：火箭燃料组分，中间体。赶超依据：用途较大，国内无生产。"也就是说，四氟肼是一种重要的氟氮化合物，用途很广，主要用于火箭燃料中的高能液体氧化剂，具有较高的燃烧能力和能量密度，能够显著提升火箭推进剂的性能。但当时国内还没有能力生产。正因如此，陈庆云被紧急安排进行四氟肼及含二氟氨基高能黏合剂的研制工作。

1957年，国外的研究者首次获得四氟肼，将三氟化氮在带有螺旋形的不锈钢弹体中加热，在450℃时制得，产率不高，只有72%。陈庆云所在的研究小组没有采用这种加热方法，而是电解氟化法。这项研究工作在实验厂展开，而不是在研究所进行，因为实验厂有设备，有专门的化工生产车间，还有熟悉电解槽操作的几十名工人。

研究小组先用尿素做原料，通过电解氟化制得二氟胺，再将二氟胺氧化成四氟肼。这条路线虽然在国外的研究论文中能够找到，但是操作起来变成产品却没那么容易，因为原料量的变化或者电解槽的设备条件变化都会影响结果。陈庆云和工人也是通过多次摸索实验条件，才成功得到了四氟肼。

好不容易得到四氟肼，但是它对热、光、空气十分敏感，是一种不稳定的爆炸性气体。在陈庆云和工人们将它与普通黏合剂反应时，又出现了新问题。这两种物质一旦发生反应，就会爆炸，不仅得到的产品非常不稳定，而且爆炸时的能量非常大。产品不稳定，还没有开始进行反应后处理就发生爆炸，"简直太可怕了"。

当时，陈庆云住在上海真北路，靠近实验厂正门，骑自行车从家出发，二十多分钟就能到实验厂。在实验厂待了两年多，这种含氟的高能黏合剂的研制，最终因为产物极不稳定被迫停止。一年后，陈庆云才从研究论文上获悉，即使在国外，用含二氟氨基高能黏合剂制作的高能炸药也还是处于研究阶段。论文中提到了跟陈庆云他们遇到的类似的实验现象——生产出来的四氟肼和有机化合物反应后,产物极不稳定。

提出亲卤反应

在北京化学所工作时期,除了研制氟橡胶,陈庆云和同事们并没有忘记在可能的条件下做一些基础研究。他们利用制取六氟丙烯时的少量副产物——全氟异丁烯,通过当时合成含氟化合物的化学技术 Krespan 法,首次制得了全氟叔丁基碘。在上海开展任务性研究工作的同时,陈庆云对全氟叔丁基碘的反应机理展开了深入研究。

反应机理是指化学反应发生过程中所经历的详细步骤和中间过程,包括反应物如何转化为中间体、中间体如何进一步转化以及最终生成产物的具体过程。反应机理的研究难,在于研究人员要综合利用物理学、数学等知识,从空间结构、热力学和动力学上推理反应过程,还要结合实验来验证这种推理。化学反应机理是有机化学研究中最重要也最有难度的一环,理论性强,对于反馈指导化学合成有根本意义,可以帮助我们理解化学过程、设计和优化合成路线、提高反应效率,从而开发新材料、新药物。

1963 年 1 月 31 日,《化学通报》发表了陈庆云的论文《含氟烯烃的离子型反应》。他在文中对双键的亲电加成、亲核加成、取代反应等含氟烯类的离子型反应进行了评述，前瞻性地提出，在含氟有机化合物这一新兴研究领域，研究最深和最广的是含氟烯烃的制备和性质。

在含氟烯烃与亲核试剂的反应中，陈庆云注意到有一些现象无法解释。比如，含氟烯烃与亲核试剂的加成反应在什么情况下单独发生？乙烯基型取代反应在什么情况下单独发生？这两种类型的反应在什么情况下同时发生？这些物质的结构、溶剂的性质等条件，会如何影响反应？另外，一些化合物如果主干相同，但是"枝条"上长有基团，所带的碳原子数目不同，它们对反应又有哪些影响？

有机化学里面最经典的反应是亲核取代反应，分为单分子亲核取代反应和双分子亲核取代反应，前者指反应时决定速度快慢的步骤所涉及的是单个分子，后者涉及两个分子。蒋锡夔在20世纪60年代就提出，在一般条件下，关于全氟的、多氟的碳氟键，两种取代反应都不会发生，至少是很难发生。但是一直没有找到合适及明确的例证。

当得知陈庆云和同事陈秉启获得了全氟叔丁基碘时，蒋锡夔非常感兴趣，因为全氟叔丁基碘正好是3个三氟甲基、1个碳原子，旁边有1个碘原子，可以用来验证他的猜想。为了证实蒋锡夔的预言，陈庆云和陈秉启等合成全氟叔丁基碘，并证明了它的结构，同时用溴代替碘进一步发展了Krespan法，合成全氟叔丁基溴。之后，用全氟叔丁基碘和全氟叔丁基溴与亲核试剂进行反应，很明确地发现，它们不进行典型的双分子亲核取代反应，而是发生了亲核试剂进攻卤素，再进行转化。卤素是化学元素周期表中第17族的元素，除了氟，还有氯、溴、碘和砹。在这个基础上，他们证实并提出了一个新的机理——亲卤反应。这是一种特殊的亲核取代反应机制，特点在于亲核试剂攻击的是卤素原子，而不是传统亲核取代反应中常见的碳原子。当亲核试剂进攻时，是从与卤素相连碳的背面进攻，而不是从前面进攻，这就是陈庆云他们提出的经典的卤代烷双分子亲核取代反应。

全氟叔丁基碘反应作为一个基础研究的小题目，当时参与研究的只有陈庆云、陈秉启以及有机所的实习生梁梦兰。在蒋锡夔和陈庆云等发表文章报道了这一现象并提出机理后，时隔二十年，国际上才提出亲卤反应。陈庆云他们的这项工作，实际上是世界上第一次关于亲卤反应的例证。这项工作的意义重大，它很好地验证了蒋锡夔最开始的预言，国际上认为不能进行反应的断言被陈庆云找到的反例推翻了。

上海有机所从事氟化学研究的胡金波也感慨："今天我们在有机化学教材中常见的亲卤反应，其实是陈庆云先生和蒋锡夔先生在20世纪60年代发现的结果。他们当时做工作的时候，就提出和研究了亲卤反应，这是中国人自己提出得比较早的、带有自己独特思想的一个独特反应。"

陈庆云对全氟叔丁基碘反应的研究意义，不仅在于发现了一个反常现象，提出了后来的亲卤反应，更重要的是，这项工作开启了他从事氟化学基础研究的先河。他后来在上海有机所从事的工作，包括全氟磺酸酯的研究，都是以这个反应为基础。陈庆云和蒋锡夔等首次合成全氟叔丁基碘和全氟叔丁基溴，并在此基础上，根据光谱数据首次提出了与过去一般公认的顺序相反的全氟烷基吸电子诱导效应顺序。

从事这些基础研究并不容易，除了分析仪器缺乏，能满足特殊实验要求的玻璃仪器也难以获取。于是，陈庆云进行化学实验时，自己设计了旋蒸头等设备，这些仪器在今天看起来不起眼，但却是陈庆云当年亲自设计并请专人制作而成的。化学作为一门实验与理论并行的学科，动手设计和操作仪器的技能格外重要。陈庆云和蒋锡夔一行人从北京化学所调往上海有机所时，蒋锡夔坚持将化学所的一位见习员刘联心调到上海，还说"你拿大学生换，我都不要"。当时，大学毕业后到研究所实习的叫"研究实习员"，高中毕业去实习的叫"见习员"。蒋锡夔很欣赏这位见习员，因为他的动手操作能力特别强。到有机所后，刘联心负责管理全所的高压釜、做高压试验、调节温度和压力，操作方面很有经验。有机所的工厂还有许多仪器设计和操作技能强的工人，陈庆云和他们一起协作，除了调试大的生产设备，还设计旋蒸头等实验室所需的特殊仪器。

没有极强的动手操作能力、理论推理能力以及对国家任务和科研工作的热忱，陈庆云在有机氟化学领域的这些开拓性应用与理论研究都难以推进。

为了民用：铬雾抑制剂与制冷剂

我国对有机氟化学产品的需求主要有两个：一个是国防领域的尖端产品，需求量很少，比如陀螺油等；另一个是国民经济所需的工业制品，需求量很大，比如聚四氟乙烯这类大品种。20世纪70年代，国民经济需要的大品种有机氟制品，于是，陈庆云和氟化学研究室的研究人员开始转向重要的民用项目研制和开发。

五条路线探索铬雾抑制剂

20世纪70年代，中国的轻工业迅速发展，电镀需求量逐渐提高，电镀厂随之发展起来。当时的金属表面电镀工艺主要是镀铬。借助电解作用，在钢铁、铜和铜合金等制件的表面上沉积一层铬，可以提高金属制件的抗蚀性、耐磨性和硬度，修复磨损部分，增加反光性。电镀铬工艺被广泛应用于机器、电器、仪器、仪表、钟表、反光镜和自行车等多个制造工业。电镀铬根据需求，可分为防护和装饰性电镀铬、多孔性电镀铬、耐磨性电镀铬、乳白色电镀铬和复合电镀铬等。比如，自行车的钢圈镀层就是电镀铬，不锈钢的钢圈如果不镀铬，就会慢慢腐蚀；手表上面镀一层铬，可以起到防腐蚀和装饰作用；缝纫机的器件表面也是如此，这些都是民用产品。仪器仪表上的铬层厚度约0.5微米，硬度可以达到镍、钴等金属的两倍,与刚玉的硬度相当。镀铬后的产品,相当于穿上了一层光亮、美观、坚固的外衣。

随着自行车、缝纫机等轻工业生产企业的迅速发展,大量电镀厂在中国建立起来,电镀铬技术得到大力推广。彼时,上海的电镀厂已实现在铝合金上镀硬铬、在某种特殊机械零件上电镀铬,使零件具有重量轻、耐磨等优点。

然而,在实际生产中,电镀却是一项直接威胁工人身体健康的工作。电镀铬时,阴极通常是被镀的金属制件,纯铅或铅锑合金板作为阳极,挂入以铬酐和硫酸配成的电解液中。电镀铬的工艺流程中需要用到酸蚀液,由于电流密度大,阴极电流效率很低,有大量氢气析出;而阳极用的是不溶性铅合金,有大量氧气析出。阴阳两极大量的气体逸出,不可避免地将镀液以飞沫的形式带出,形成铬雾。铬雾有极强的腐蚀性和毒性,人体吸入后会影响鼻腔,严重的可造成鼻癌,对血液和呼吸道系统都有损害。除了有极强的腐蚀性和毒性,含铬的飞沫还会增加铬酸消耗,污染其他镀液,加速电镀设备的老化,造成材料浪费。

上海光明电镀厂和上海电镀厂的工人深受铬雾侵害,生产车间充满了黄色的铬雾,即便用抽风设备也抽不干净，而且抽出来的铬雾被排放大气或流入地下，造成环境污染。电镀厂采用了塑料网格净化器，可回收大部分铬雾，但要消耗大量电能，而且回收的铬雾易被污染，给回收利用带来了困难。在这种情况下，电镀厂找到有机所，希望他们能够找到抑制铬雾产生的方法。

上海电镀厂跟上海有机所有业务联系，知道研究所此前做过电解氟化的工作，所以最早就找到陈庆云。之后，上海光明电镀厂也找了过来。彼时，陈庆云在上海有机所的实验厂做了两三年的黏合剂之后，手头并没有其他任务。所里将解决电镀铬雾的任务交给了陈庆云。

陈庆云了解到，20世纪50年代美国的3M公司（明尼苏达矿业及机器制造公司）已经发明了一种全氟磺酸盐（是一种表面活性剂，产品名叫Zeromist），用于在生产过程中抑制铬雾。除了3M公司，日本上村、英国凯宁公司都有类似的抑制铬雾的产品，制取方法都是通过电解氟化获得含有全氟八个碳的磺酸，它的钾盐就是Zeromist，这些处理方法当时是公开的。但是进口含氟的铬雾抑制剂很贵，购买也很困难。

1975年开始，陈庆云带领研究组的十几个人研制铬雾抑制剂。他们确定了五条技术路线，最终走通了其中一条——利用全氟磺内酯与四氟乙烯、一氯化碘反应，所得产物再与四氟乙烯进行调聚、氟化和水解，得到一类含醚键的全氟烷基磺酸盐。

选择这条路线，虽然最初只是试试看，但也是有原因的。陈庆云自1963年调入上海有机所之后，上海有机所的有机氟化学研究室在黄耀曾、黄维垣的带领下开展了全方位的氟化学应用和基础研究。从氟塑料、氟橡胶、氟氯油到灭火剂、润滑剂等，国外有的产品，上海有机所基本都研制成功了。这些含氟产品，既可以做表面活性剂，又可以做高分子塑料和橡胶。陈庆云开始思考，能否在这两个用途之间建立联系？

在这些产品中，他敏锐地发现了一个很重要的离子交换膜——Nafion膜。它是美国杜邦公司1966年开发出来的一种具有良好化学稳定性、用于燃料电池的全氟磺酸离子交换膜，被成功应用在美国宇航局的卫星上。美国阿波罗号宇宙飞船使用的燃料电池就采用了Nafion离子交换膜技术，它也被称为质子交换膜燃料电池的"心脏"。今天，Nafion膜在能源、化工和环保等多个领域依然得到广泛应用，如燃料电池、电解水制氢、氯碱工业等，是现代电化学技术中不可或缺的材料。

在民用方面，离子交换膜主要用于离子交换膜电解法制造氢氧化钠（烧碱）。1975年，日本实现了离子交换膜电解法制烧碱的工业化生产。这种方法制得的烧碱纯度较高，还具有能耗低、占地面积小、生产能力大等优点。制碱业是有关国民经济的关键行业之一，国家将离子交换膜的研制任务交给上海有机所，而上海有机所也不负众望，成功研制出了 Nafion 膜类似产品。

在研制铬雾抑制剂的过程中，陈庆云想到可以利用制备 Nafion 膜的各种含氟原料和产物来做全氟烷基磺酸盐。他们花了一年多的时间，从制备 Nafion 膜的各种原材料出发，探索以四氟乙烯为基础制备全氟铬雾抑制剂。1975 年 10 月，最终合成了一类含醚键的全氟磺酸盐，并证实它是一种很好的新型铬雾抑制剂。

陈庆云最终研制的铬雾抑制剂产品同美国 3M 公司的 Zeromist 有非常大的差别——新的化合物结构中间多了一个氧原子。虽然看起来结构类似，但实际的合成路线有很大差别。陈庆云和研究人员开发了一条全新的路径，非常具有自己的特色。他们研制的铬雾抑制剂的关键前体，是一端含碘、一端含磺酰氟、中间有一个氧、八个碳的化合物。考虑到把碘变成氟太贵、太复杂，他们巧妙地将碘变成氯，这样既方便又便宜，并且反应后的碘变成了氯化碘，正是前面反应中用到的一种原料，充分实现了碘的回收利用。这个改变使得生产成本大大降低，最后得到的产品也具有相当不错的铬雾抑制性能。

实验室样品研制成功后，被命名为F-53。这个代号有着特殊的含义，"F"是氟元素的符号，"53"是因为样品信息记录在实验本的第53页。未曾想，这样一个看似随意的编号，后来却对我国和世界范围内氟化学和氟工业的发展产生了巨大影响。

F-53铬雾抑制剂由上海有机所实验室自主研发，与国外的铬雾抑制剂不一样，是全新的产品。产品研制成功后，首先在上海光明电镀厂、上海电镀厂试用，证明了其显著的抑制铬雾效果。1979年，有机所实验厂通过扩试，证明F-53的整个合成路线在工业上是可行的。但是，将产品投入工业化生产，在工艺上有很多难点，要解决很多问题。

从F-53的研究到生产的整个过程，陈庆云都全程参与，他在上海有机所的实验厂一直做了两年。回忆起在实验厂的这段经历，陈庆云感叹"化学"和"化工"是两回事。虽然实验室的研发工作做得不错，但在进入实验厂的生产阶段后，陈庆云深刻体会到"实验室的研发是一回事，实验厂的生产又是另一回事。"在F-53的产品转化过程中，实验厂的工程师尤其是顾子恺总工程师起了重要作用。四氟乙烯气体很危险,此前中国还没人将四氟乙烯通过管道输送到高压釜里,这项严苛又关键的工作是从F-53的试制开始的。陈庆云说:"要将新产品真正为国民经济服务,单靠化学研究是不行的,还要扩大到生产方面。我觉得这是最重要的事情,仅仅发几篇文章,如果不应用,也不能起到实际作用。"

此后,F-53在全国电镀厂得到推广使用。到1982年时,上海有机所实验厂可年产2吨F-53,全国有985家单位在使用。每使用1吨F-53,可以为国家节约电费和铬酸费344万元。1982年4月8日,《人民日报》第3版还专门以"上海科技新花"为题作了报道。

资料显示,天津市五金电镀厂在1980年9—10月全面使用了F-53铬雾抑制剂,每月节约氧化铬10千克,与使用抽风机去铬雾相比,可节约铬酸约30%。上海自行车四厂使用F-53铬雾抑制剂之后,改善了环境污染,在同等条件下,全年节约铬酐3060千克。

与国外同类产品相比,F-53用量小、效果好,不但可以有效阻止酸雾逸出,而且可以提高电镀铬件硬度,改善铬层裂纹。1979年1月,美国化学会氟化学小组召开第四次冬季氟化学会议,由陈庆云、黄维垣、冯允恭等组成的中国氟化学代表团参加了这次会议。这是中国化学研究者第一次以中国化学会的名义，参加美国化学会举办的会议。陈庆云先后在5个单位作了报告，报告的题目是《多氟烷基醚磺酸的制备》。除了在氟化学会议上作报告，陈庆云还在杜邦、3M等公司作了报告与交流，内容是有关F-53的工作。

这次的美国之行还发生了一件既有趣又值得深思的事。陈庆云在3M公司做完报告后，3M公司的一位员工问陈庆云："你们的F-53用了没有？"陈庆云回答说："在试用，还没有生产。"后来黄维垣告诉他："3M公司的人紧张得不得了，因为我们做的防铬雾剂比他的好，美国人害怕我们生产了，抢了他们的生意。"

1982年，陈庆云参加了在上海光明电镀厂举行的F-53鉴定会。实验现场，电镀车间和普通房间一样，一点味道都没有，抑制剂发泡后就像一张泡沫毯盖在电镀液上，氢气和氧气照样出来，但是将黄色的铬酸压住了。同年10月，"抑铬雾剂F-53及其制备"获得国家发明奖三等奖以及上海市重大科研成果奖一等奖。《中国科学院升级奖励审批呈报表》记载："截至1988年夏天，（F-53铬雾抑制剂）已获1050万元纯利润效益，对防止电镀行业的环境污染、改善工人劳动条件有明显效果，有较大社会效益。"

研制新型制冷剂

氟利昂是多种卤代烃制冷剂的总称。在含氟的卤代烃中，二氟二氯甲烷是一种良好的制冷剂，无毒、无臭、不燃烧、无腐蚀性，易被压缩成液体，解除压力后又可立即气化并吸收大量热能，被用作冰箱的制冷剂，又名氟利昂-12，商业代号是F-12。1930年，美国建厂生产氟利昂类制冷剂，成为有机氟化学工业中的一个大类。1974年，美国科学家莫利纳（Mario Molina）和罗兰（F. Sherwood Rowland）提出氟利昂损害大气上空臭氧层的假设，即氟利昂在大气中分解后释放的氯原子会催化臭氧分解，导致臭氧层变薄。这个假设在1976年得到证实。这一发现，引起了全球对臭氧层破坏问题的关注。研制新型的制冷剂迫在眉睫。

20世纪70年代末，陈庆云在研究F-53时，注意到国际上已经研制出一种新型制冷剂F-502（也叫R-502）。F-502是氟利昂家族中新增的一种制冷剂，是由两种氟氯烃（F-22和F-115）按一定比例配制而成的恒沸混合物。与所有的氟利昂制冷剂一样，F-502不易燃、没有腐蚀性、几乎没有毒性，具有制冷量大、制冷系数高和延长制冷机使用寿命等优点，在很多方面兼顾F-12

和 F-22 的优点。当时，F-502 已在国外普遍应用，但在我国的研制和使用还属空白。

陈庆云组织他所在的研究小组，利用 F-53 制备过程中的副产物为原料（也是一种氟氯烃），经过氟化直接得到 F-115，不仅路线简便，而且产率高。除了利用 F-53 制备过程中的副产物为原料，陈庆云和研究小组还研究出另外一种合成 F-115 的新方法——用路易斯酸将 F-113 在室温重排，进一步氟化为 F-115。这种方法原料来源方便、工艺简单，获得的产物纯度高。关于这两种制备 F-115 的方法，当时国外文献并没有报道。不仅如此，陈庆云等人还将得到的 F-115 与 F-22 配制成制冷性能良好的 F-502。

20 世纪 70 年代，自美国利用卫星探测到南极上空出现臭氧层空洞后，越来越多的证据表明，氟氯烷化合物，尤其是已广泛使用的高卤代链烷类化合物是大气臭氧层日益耗竭的重要原因。考虑到氟利昂的危害，1987 年 9 月，24 个国家在联合国环境规划署的主持下签署了《关于消耗臭氧层物质的蒙特利尔议定书》。议定书对氟利昂的使用做了严格限制，签约国承诺将高卤代链烷烃类化合物的产量冻结在 1986 年的实际生产水平并逐年缩减，于协议生效两年内减少 20%。此外，签约国除了继续研究高卤代链烷烃类化合物对大气臭氧层的破坏外，还应积极寻找替代品。

当时以生产氟利昂著称的杜邦公司已经开始研究氟利昂的替代品，提出某些低卤含量的氟氯烷可能是 F-11、F-12 的最佳替代物。其中替代 F-12 的最佳物可能是 F-134a，两者性能相仿。不过，F-134a 的制造工艺比 F-12 复杂，因而生产成本和价格更高，杜邦计划在五六年内将这种产品推向市场。

在这种国际大背景下，陈庆云承担了国家重点项目"氟利昂代用品的研制"。

接到任务后，项目组确定将 F-134a 作为研制目标。陈庆云通过查询专利文献，发现 F-134a 的制备主要有气相法和液相法两条合成路线，其中实用性最强的方法是由 F-133a 发生卤素置换获得 F-134a。美国杜邦公司主要也是探索用液相法从 F-133a 制备 F-134a，使用的催化剂是全氟烷基磺酸锂盐。综合国际专利报道和已有的生产情况，以及此前制备 F-53 积累的经验，考虑到液相法相对气相法更容易操作和控制，而且气相法中用到的催化剂不容易获得，陈庆云最终选择专攻液相法。

为此，上海有机所抽调一部分人员专门研究制冷剂。他们尝试从 F-133a 出发，与氟化钾水溶液在 F-53

及衍生物作为催化剂的作用下，在270℃下反应制取F-134a，并获得成功。1990—1991年，陈庆云承担的"氟利昂代用品的研制"项目成功合成了F-134a。这一项目的完成，最终使中国避免了因国际上禁用氟利昂而造成的巨额经济损失，同时也为中国制冷剂的升级换代打下了基础。

陈庆云并没有止步于完成项目要求的任务，他在研究过程中一直在思考：为什么在水溶液中，亲核性不高的氟离子竟然能取代F-134a中的氯？如何把氯取代下来？1991年，陈庆云在访问杜邦公司时，询问了发明液相法制备F-134a的化学家贡普雷希特（Gumprecht），希望能得知反应机理，但贡普雷希特也回答不上来。陈庆云意识到这是一个值得研究的基础问题，建议小组研究人员进行细致的探讨。

后来，在上海有机所实验厂中使用液相法时，陈庆云等意外地发现催化剂是不必要的。为什么不加任何催化剂也会发生反应？陈庆云和研究小组进行反复探索，发现是水的温度产生了影响，催化剂钾盐在其中并没有发生作用。进一步研究发现，温度高的条件下，反应过程中形成了超临界水。这样一来，只需要将水加热到一定温度，就可以制备F-134a，不仅原料简单，生产工艺也得到简化，降低了成本。此后，陈庆云将这个方法推广到上海有机所实验厂和其他生产工厂。

值得一提的是，陈庆云研究小组的林永达和杨映松在实验室工作结束后，继续参加了实验厂的扩大生产和中试研究。他们在实验室规模液相法连续生产工艺基础上，实现了 30 吨级规模的液相法连续化生产工艺，中试规模的产品质量通过了技术鉴定，打破了关于液相法生产 F-134a 不能连续化的断言。

产品生产出来的下一步是如何应用于制冷工业。F-134a 分子具有较大的极性，用它替代 F-12 用于空调压缩机时，与传统的矿物油不相溶。为此，陈庆云和林永达研制了与 F-134a 配套的新型冷冻机油。

1992 年 12 月，在单机试验基础上，他们与嘉兴冰箱厂协作，灌装了 50 台益友牌冰箱，投放市场后，冰箱运转正常。除了用于冰箱，他们还将 F-134a 与配套开发的冷冻机油用于汽车空调，与广州化学所合作合成了四种类型 30 多个聚醚和酯类润滑油用于冰箱和汽车。这些工作，都为氟利昂代用品的生产和作为制冷剂在工业领域的具体应用作出了重要贡献。

F-53 重登基础研究舞台

为了解决镀铬工业中的铬雾污染问题,陈庆云小组从1975年开始开展由四氟乙烯合成全氟磺酸的研究,最终研制出我国独创的新型铬雾抑制剂F-53。F-53的成功研制,不仅解决了中国数千家电镀厂的铬雾污染问题,更为重要的是,F-53是一条具有独特结构的、专属于上海有机所的含氟醚基链,是含氟的碳—氧—碳—硫键的链条。在它的研制和生产过程中,产生了两种独特且重要的含氟中间体,一种是末端含氯的全氟碘代烷,另一种是末端含磺酰氟的氟烷基醚基碘代烷。陈庆云认为这条神奇的含氟链条,既具有普遍性,又具有本土性,"靠着它,我们唱的戏,别人有时候能唱,有时候不能唱"。

开展基础研究

20世纪70年代后期,上海有机所的科学研究工作开始恢复。在黄维垣的领导下,陈庆云等科研人员开始在氟化学基础研究领域进行探索,期望通过基础研究领域的突破来带动应用研究领域的革新。

陈庆云将黄维垣回归基础研究的这种转向,归结为"科学家的科学精神"。黄维垣最早到有机所从事的是甾体和天然产物化学等基础研究,1958年国防建设需要开展氟化学研究，于是他转行去做氟化学。陈庆云说："现在军工任务少了，我们回到本行做基础研究，发挥我们的长处，这就是科学家具有的科学精神。"而他自己，也是这种科学家精神的践行者。

为了更好地让基础研究主动对接工业，1977年，黄维垣开始频繁地出国交流与考察，了解美国、德国、英国、芬兰等国家的化学研究机构、高校和企业在基础研究领域的前沿工作，以及研究机构与企业在研发生产方面如何结合与促进。有机所的实验厂也开始改制，改名为"中国科学院上海有机化学研究所开发公司"，由胡昌明和杨庆年担任副总经理。这段时期，有机所的研究方向进行了整合和调整。第一个方向是拓展金属有机化学这个新领域。我国有机化学领域早期的研究仅限于碳、氢、氧、氮，后来国际上逐渐在有机化学里引入金属元素和类金属元素。第二个方向是物理有机化学。物理有机化学偏重理论研究，注重结构与反应性能的关系。1978年，有机所创建了中国科学院第一个物理有机化学研究室，开始了物理有机化学领域的研究。第三个方向是天然有机化学。这是有机所传统的、有坚实基础的领域，1978年后，天然有机化学开始与生命有机化学结合起来，成为有机所的一个新领域。

70年代末到80年代初，陈庆云一方面整理60年代的氟材料研究成果（彼时忙于军工任务和工业生产，这些研究成果还没有来得及形成理论），另一方面开始进行以铬雾抑制剂F-53为基础的氟化学基础研究。

如何进行以F-53为基础的氟化学基础研究？陈庆云想到了三个方向：第一个方向是测定F-53的结构，弄清楚反应是怎么发生的。第二个方向是依托F-53制备各种中间体和原料。"做饭要米、炒菜要菜。F-53本身是原料，依靠它还可以做出更多的重要原料。以F-53这条链为原料，可以变化出很多花样，得到性能各异的原料。"第三个方向是研究F-53本身。

从陈庆云想到的三个方向出发，不仅使有机所氟化学研究目标突破了原来的"任务带学科"模式，更重要的是，上海有机所从这条具有独特结构的含氟链出发，利用F-53生产过程中的原料、中间体、产物和副产物进行了一系列基础研究，取得了众多研究成果，大力推动了我国氟化学的发展。

为什么"我们唱的戏，别人有时候能唱，有时候不能唱"？F-53这条链的专属性在哪里？国外是从四氟乙烯开始，通过调节聚合得到了一条分子链；而陈庆云发现并合成的链条不一样——"尾巴"是碘，"脑袋"是氯，中间有一个氧。"有了自己的链,将含氟的链条带到有机分子中去,道理就在这个地方。"

研究"未来"的问题

如何在国家没有提出明确科研任务的情况下,让科研人员回到基础研究,同时又能够通过基础研究来促进应用,也就是"学科促任务"?陈庆云在我国科研转型路口所秉持的理念,是把氟化学提升到与有机化学同样重要的位置。这种前瞻性的、超前做研究的理念,既和纯基础研究不一样,又和纯应用研究不一样。工业企业没有做实验室小规模研究的经验,能够获得的反应条件和路线变化太少,是生产型、为生产服务的。陈庆云认为:"我们不是为眼前的生产服务,而是为将来服务,要从已有的路线去抓住问题。"为此,完全做基础研究、仅发表文章也不行,得想尽一切办法和化工厂联系,了解企业有什么问题。科研人员要看得长远,预先做、提前做,走在生产的前面,知道将来有什么问题,甚至提前很多年就研究未来的问题,在工业深化过程中发现问题、超前研究。

如何才能超前研究,走在生产的前面?陈庆云跳出含氟橡胶等高分子材料、铬雾抑制剂等表面活性剂这些应用本身，跳出氟化学这一单独的领域，独辟蹊径又视野广博地提出："如果将氟化学放在整个有机化学的舞台上，就可以变化多端，通过有机化学这种创造性的合成艺术，玩出不同的花样。"这种结合的具体方式，就是把 F-53 相关的含氟链条带到有机分子上去。"这是我的工作"，陈庆云有一种使命感和紧迫感。

这种氟化学和有机化学的巧妙结合，带来的第一个贡献是在原料上实现了"人无我有"。F-53 的研究，为氟化学的基础研究提供了非常宝贵的原料，这些原料"人无我有"，为我国后续深入开展应用型基础研究奠定了基础。

这种氟化学与有机化学的巧妙结合所带来的另一个贡献，是发展出了"磺酸有机化学"这个分支学科，推进了有机化学的研究理论和应用范围。F-53 链条的一端是磺酰氟，陈庆云围绕它开启了磺酸的研究工作，如做磺酸酯、磺酸酐，再将它们作为有机化学派上用处。这样一看，看似单一的 F-53，可以变化的花样就多了。

发现二氟卡宾前体

"科学研究应该有一部分人站得远、看得高，要先做准备，这样才不至于被动。"陈庆云一直以此作为科研的准则。含氟卡宾的系列研究，就是在这一科研理念下产生的。

为了将含氟基团引入有机分子，人们对氟碳阴离子、氟碳自由基和二氟卡宾等活泼的反应中间体进行了广泛研究。二氟卡宾具有很高的反应活性，可以和各种不饱和键进行加成，还可以与负离子结合，插入硫氢键、氮氢键，得到相应含碳氟片段化合物。因此，寻找合适的二氟卡宾前体、研究二氟卡宾的结构及其反应，一直是有机氟化学的重要部分。

20世纪60年代开始，二氟氯乙酸钠开始被作为二氟卡宾的前体。这种物质很容易受潮，因而反应需要在无水条件下进行，并需要过量的二氟氯乙酸钠，而且反应活性较低。其他获得二氟卡宾的方法，要么需要较为强烈的反应条件，要么需要较高的反应温度。即使是可以在温和条件下产生高度活泼的二氟卡宾的反应，合成所需原料也需要多步困难的反应。

80年代初，用化学方法生产二氟卡宾的报道并不多。在研究全氟和多氟烷基磺酸衍生物时，陈庆云等发现二氟甲基磺酸酯及其类似物在各种不同条件下可以作为新型前体，温和方便地产生二氟卡宾。他们前后共开发了14种新型二氟卡宾前体。这些新前体，既有在酸性条件下产生二氟卡宾的,也有在碱性条件下产生的,还有在中性条件下产生的。无论酸碱性条件如何,这些合成方法需要的条件大多比较温和。在温和条件下产生的活性二氟卡宾,又能够进一步参与后续反应,从而为"玩各种花样"的"合成艺术"提供丰富的可选择的二氟卡宾试剂体系。这是对于基础研究而言的价值。更重要的是,这些二氟卡宾试剂体系,也为后续研发新型高效三氟甲基化试剂和体系奠定了方法和原料基础。

20世纪80年代初开始,陈庆云和他的研究团队系统开展的二氟卡宾研究和二氟卡宾试剂开发,在国际上非常著名,很多产生二氟卡宾的方法到今天还有很多人在使用。

卡宾很难生成,也很不稳定。实现二氟甲基化、发现二氟卡宾并用于合成,理论意义很大,改变了人们固有的看法,属于重要的开创性工作。当时我国基础理论研究的水平较弱,能做出这些在国际上具有引领性的工作,难度可想而知。

发现"陈试剂"

科研工作,贵在深入。在一系列问题上精雕细琢,挖深挖透,做到触类旁通,把这一整片区域都打通。陈庆云的科研工作正是如此。他并没有止步于二氟卡宾的工作，20世纪80年代末，他继续基于二氟卡宾研究，合成和发展了8种能高效实现三氟甲基化的试剂和体系。这些三氟甲基化试剂多样而有效，大多便宜易得、方便实用。其中应用最广的是氟磺酰基二氟乙酸甲酯，也被称为"陈试剂"，是以陈庆云的姓氏命名的。

"陈试剂"作为优良实用的亲核三氟甲基化试剂，体现出很多优势。首先，只需催化量的碘化亚铜或者铜粉，"陈试剂"即可发生分解，生成高活性中间体，与芳基、烯丙基、苄基、乙烯基等卤代物反应，方便高效地得到相应的三氟甲基化产物。其次，它是一种十分稳定的液体，储存和使用方便，又廉价易得，具有工业化应用的基础和前景。

1989年，陈庆云和吴生文利用"陈试剂"对卤代烷进行三氟甲基化的论文发表后，立即引起国际同行的关注。美国Aldrich公司和日本TCI公司很快把它收入试剂目录中。这两个公司都是生产化学试剂的知名企业，Aldrich是全球知名的化学试剂品牌，其对试剂的纯度、稳定性等质量指标要求极高；TCI同样以高品质著称，其普通试剂的纯度之高甚至可以作为标准品。"陈试剂"被这两家公司收录，说明在质量上达到了较高标准，能够满足科研、工业生产等对试剂品质有严格要求的场景。

从"陈试剂"出发，陈庆云小组还发展了一系列三氟甲基化试剂。1992年，国外学者麦可林顿撰写了一篇关于三氟甲基化的重要综述，列有12个通过中间体来实现三氟甲基化的方法，陈庆云小组发现的试剂就占了3个。

从应用价值上，这些三氟甲基化方法在药物化学和材料科学中有广泛的潜在应用前景，为药物和材料科学家提供了多种合成含氟材料的方法。比如，在光电领域，可以用于开发有机发光材料和光伏等光电材料；在生物材料领域，含氟基团可以提高材料的生物相容性和稳定性。随着20世纪90年代国际范围内对环境友好化学的关注增加，采用"陈试剂"后的绿色合成方法（如使用无溶剂条件或可再生催化剂），还为可持续材料合成提供了新的思路。

从研究工具上，"陈试剂"为生物、材料科学家提供了从分子层面调控材料性能的工具，促进了有机化学与材料科学的深度跨学科融合。不容忽视的是，它还带来了一系列新兴领域的研究，尤其是三氟甲基化反应在生物材料、智能材料和纳米材料等新兴领域的应用，更是受到当前科研与产业领域的关注。

"陈试剂"背后的故事

"陈试剂"是如何发现的？这背后的故事一波三折。

20世纪80年代，陈庆云和吴生文在研究卡宾源的反应中，发现有副产物氟仿生成，他们敏锐地觉察到，氟仿的生成意味着二氟卡宾与氟离子结合生成三氟甲基负离子是一个平衡反应。能否利用三氟甲基负离子与亲电试剂反应，将这种负离子基团引入各种有机分子之中？这个大胆的想法萌生之后，他们立刻投入实验。

经过各种反应条件的调控，他们发现在催化量的碘化亚铜作用下，"陈试剂"可以实现各类卤代物的三氟甲基化反应，条件温和、产率高，还可以得到一系列三氟甲基化合物。多次实验后，他们成功地获得了第一例铜催化有机卤代物的三氟甲基化反应。

但是，他们并没有止步于此，这类卤代物的三氟甲基化反应在机理方面还留下了一些疑问。比如，"陈试剂"和 α-溴代乙酸酯及 α-溴代酮反应时，为什么没有得到对应的三氟甲基化的产物？于是，他们开始探讨该反应为什么会发生。

这又是一项开拓性的工作，博士生杨国英接着吴生文的工作往下做。杨国英首先要做的，是把反应的产率提高，然后研究这些反应为什么能够发生。虽然吴生文实现了"陈试剂"反应，但是背后的探索着实一波三折，挫折接踵而至。科研工作最讲究可重复性，也就是同一个实验重复多次均能取得同样的结果，否则研究结果就不可信。让人摸不着头脑的是，他们在重复实验时，发现反应产率怎么也重复不出来，含量有时高有时低。

多次实验后，他们终于发现，这与实验使用的溶剂的状态有关系，尤其与溶剂的干燥程度密切相关。他们不仅找到了产率浮动的原因，还发现变换反应原料也可以得到同样的结果——不用碘化亚铜而用铜粉，通过自由基机理也可以实现三氟甲基化。

这个新的发现说明，在不同条件下，"陈试剂"实现三氟甲基化可能经历不同的途径，条件不同，走的微观反应路线也不同。

陈庆云对于科研工作中的任何疑问都不会放过，直到找到合理的答案。杨国英在陈庆云小组的时间不算长，但陈庆云对他的教导及影响是终生的。一方面，陈庆云始终严格要求自己，潜心研究，不被外界影响，精益求精，把自己的研究工作做到极致。另一方面，对于学生们在研究方面取得的任何成绩，陈庆云都发自内心地高兴。当小组终于拿到重要证据时,陈庆云高兴得像小孩子一样,和他们一起分享研究中的快乐。在这个过程中,学生们倍受鼓励。杨国英到现在还记忆犹新:"陈老师办公室的门永远是敞开的,我们随时可以和他交流。"

研究"陈试剂"的日子,既艰苦又快乐。在生活中,陈庆云会想尽办法为学生们创造条件。当时的研究条件比较艰苦,研究生没有办公室,陈庆云就把自己办公室的钥匙给学生。

引入单电子转移反应

为了走在产业的前端,发现未来的问题,陈庆云从不放过任何应用性问题背后的理论探索。他在20世纪八九十年代所做的重要工作之一,是将全氟和多氟烷基引入有机分子,并将当代有机化学最重要的理论之一——单电子转移反应引入并发展了有机氟化学。

20世纪80年代初,有机氟化学应用最广并且最重要的方法是通过自由基或阴离子实现氟烷基化。黄维垣小组发现了脱卤亚磺化反应,即氟烷基碘代烷或溴代烷在廉价的保险粉引发下生成氟烷基自由基参与反应,或者得到相应的氟烷基亚磺酸盐。

陈庆云和龙正宇开始思考，三氟乙基卤代烷是否和全氟烷基卤代烷一样，也可以发生类似的脱卤亚磺化反应，从而将氟烷烃基团引入有机分子之中？萌生这个大胆的想法，是因为此前学生陈亚雄做实验时，发现了一个异常现象，并引发了一个重要的发现。

陈亚雄在做全氟烷基碘代烷在铜粉存在下和碘苯的反应时，突然发现，如果变换另外一个溶剂，结果就和文献报道的完全不一样了。这是什么原因？首先考虑是不是溶剂的影响。陈庆云建议陈亚雄多次重复实验，确证完全是溶剂的改变引起反应的变化。这让他们异常高兴，因为这个结果非常有新意。那么，这个变化是什么原因引起的？他们不断通过实验去验证自己的想法，最终发现了单电子转换反应，开辟了新的领域。

如果我们将陈庆云对单电子转移反应的研究置于整个国际有机氟化学领域的进展中，则能更加清晰地发现该研究的重要性。

20世纪60年代，单电子转移反应在国际上被正式提出。在有机化学中，单电子转移反应无处不在。这个反应有很前沿的应用场景，太阳能的聚集和储存、有机半导体材料、感光技术、生命的衰老等都与单电子转移反应密切相关。为此，各国化学家都竞相将单电子转移理论引入自己的研究领域。70年代，单电子转移反应被引入有机氟化学，此时正值中国有机氟化学在基础研究领域的上升时期。黄维垣、陈庆云和胡昌明在80年代初期对全氟卤代烷的三个不同引发体系（脱卤亚磺化体系、各种金属引发体系和氧化还原体系）的研究，大大丰富了单电子转移反应在氟化学中的应用，为后来中国氟化学在国际上占有一席之地奠定了重要基础。

有了对氟化学中单电子转移反应机理的思考，陈庆云和龙正宇就有了底气：是不是改变溶剂，也能使惰性的氯化物发生脱卤亚磺化反应？于是，他们对三氟乙基卤代烷的脱卤亚磺化反应进行详细研究，果真发现了溶剂效应：变换不同的溶剂，对反应产物有很大影响。

除了溶剂和温度效应，陈庆云还对过渡金属催化合成有机氟化合物及其反应机理进行了一系列研究。至此，脱卤亚磺化反应发展成为一种温和、简便、产率高、适用范围广的产生全氟或多氟烷基自由基或相应亚磺酸盐的方法。这种方法拓展范围后，立刻被广泛应用。

这项工作让很多同行印象深刻。对氟烷基卤代烷单电子转移反应的研究工作非常重要，特别是陈庆云首次发现，通过改变脱卤亚磺化反应的溶剂，可以使长期公认不活泼的全氟烷基氯代烷的自由基发生反应。这些工作不仅系统涵盖了全氟烷基卤代烷在金属、无机还原剂、氧化剂、自由基引发剂、光照或亲核试剂作用下，通过单电子转移过程向目标分子中引入全氟烷基的方法。而且，从机理研究而言，这是全氟烷基化反应的一个重大发现，该发现极大地丰富和发展了有机氟化学的基础理论。

陈庆云的这些发现，不但为合成含氟有机化合物提供了简单有效的方法，更重要的是，他将有机化学最重要的反应理论之一——单电子转移反应理论引入并发展了氟化学。

荣誉背后

陈庆云在国际氟化学领域享有很高的声誉，很多氟化学家都知道他，尤其是他关于二氟卡宾、三氟甲基化、自由基氟烷基化等原创性工作，具有很强的引领性。

"国内科技论文谁家最多"，《人民日报》1989年2月11日第3版登载了中国科学技术情报研究所对1987年我国科技论文作者分布的情况调查（这一调查结果从美国三套国际科技论文索引的综合统计中得来）。在公布的前10名作者中，陈庆云以9篇论文并列排在第二。

可见陈庆云已经是中国科技界闻名的"多产户"。

尽管取得如此多的成绩,陈庆云却非常谦虚。

1990年8月,陈庆云主持的"氟化学中单电子转移反应的研究"获得国家自然科学奖二等奖。这项工作是陈庆云带领3名研究生整整工作了三个春秋的成果。在申报国家自然科学奖时,陈庆云没有忘记署上一位在课题初期就离国深造的同事之名。奖金发下来后,他依然念念不忘给这位同事留下一份,这让大洋彼岸的同事大为感动。

1993年11月,陈庆云当选中国科学院院士。次年2月,《上海科技报》记者戴敬(戴立信的女儿)采访了陈庆云。戴敬写道:"面对崇敬的目光和由衷的祝贺声,他还是他,依然是那件陈旧的手织毛衣,依然说话坦荡直率。陈庆云推了推那副黑色眼镜,说道:'有机所这个集体是伟大的,离开这个集体中的协作研究和默契配合,我又能做出什么呢?'为此,他反而是呼吁多关心青年科学家的成长问题,希望青年一代远远超过他们,因为这样科学才能进步,中国才有希望。而且,青年科学家应该明白'师傅领进门,修行在个人'的道理,既要谦虚谨慎,还要讲求合作。"

含氟药物与用起来的"陈试剂"

作为一名科学家，而不是工程师，如何将基础研究和应用研究进行很好地结合，找到最佳结合点？二氟卡宾和三氟甲基化的相关工作，是陈庆云从方法学上拓展了科学研究的工具。做方法学研究，不一定非要对国民经济有用处。但是，将"陈试剂"用起来，这不仅是陈庆云对氟化学研究的独特理念，也是"陈氏方法学"的独特魅力。陈庆云一直铭记在心的是：这么多年好不容易积累下来的基础，如果不用起来，这个损失是国家的！

向小分子中引入氟

无论是磺酸、卡宾还是三氟甲基化，它们都有一个共同的特征，那就是从磺内酯出发。磺内酯打开之后就是磺酰氟，磺酰氟想办法变成磺酸，接下来获得卡宾，实现三氟甲基化。这些原料，有的在酸性条件下产生卡宾，有的在碱性条件下产生卡宾，有的在不同温度、催化剂和溶剂条件下实现三氟甲基化。按照这一套贯穿始末的"陈氏方法学"，陈庆云和学生们玩起了各种各样的"花样"。

2000年，在三氟甲基化试剂的基础上，陈庆云小组和美国的多比尔（William Dolbier）教授合作发展了一种新型的二氟卡宾试剂——氟磺酰基二氟乙酸三甲基硅酯

(TFDA)。这种卡宾试剂可以用便宜易得的磺内酯为起始原料制备,在温和条件下便可以分解产生二氟卡宾,反应温度适中、反应干净。这种方法产生的二氟卡宾有相当的活性,被陈庆云用来合成一系列高张力的含氟小环化合物。这种含氟小分子具有生物活性,可以用在药物上。

20世纪50年代,化学家们发现,相比不含氟的化合物,9-氟可的松表现出很高的生理活性。比如,含氟尿嘧啶是一种经典的抗癌药物,通过抑制细胞内嘧啶核苷酸的合成来发挥抗癌作用。在有机分子中选择性引入氟原子,改变目标分子的生理活性,是研发以含氟尿嘧啶为代表的新型抗癌药物的焦点。据统计,目前约20%的医药产品和30%～40%的农药产品含有氟原子,这些药物分子大部分是少氟化合物。鉴于自然界中天然含氟有机物非常稀少,绝大多数含氟有机物由人工合成得到,因此发展含有一个、两个氟原子或三氟甲基的有机分子的合成方法在有机化学中有着重要意义。为此,陈庆云希望能够基于"陈试剂"发展更多好的方法,拓展向有机小分子中引入少氟基团的方法。

考虑到以往的二氟卡宾体系在应用时总是存在诸多限制,比如卡宾前体不易得、分解温度太高、有剧毒性或活性不够高等，学术界对二氟卡宾反应选择性的研究非常少，导致含氟环丙烯类化合物非常难以获得。陈庆云希望对由TFDA分解产生的二氟卡宾反应选择性进行研究，用二氟卡宾的方法向分子中引入含氟小环，既能够发展医药，反过来又能拓展对二氟卡宾的认识。基于此想法，陈庆云和徐伟、周鼎英、程战领等一起开展了很多相关研究，成功获得了相对稳定的化合物，合成了一系列新的高张力含氟小环化合物。

开创含氟卟啉

2017年，卟啉类化合物和发光材料研究专家阿南德（Venkataramanarao G. Anand）等在国际重要刊物《化学评论》上发表综述文章《异卟啉：卟啉的抗芳香族同系物》，专门评述了陈庆云与刘超关于二氢卟啉的工作，认为他们首次真正实现了诺贝尔奖得主伍德沃德的预言。

有一次，陈庆云的学生肖吉昌去日本京都大学参加学术会议，顺访大须贺（A. Osuka）教授的课题组。大须贺教授做卟啉化学研究，在国际上很有名望。他对肖吉昌说："陈先生是含氟卟啉领域的开拓者。"他还拿出了一本册子，里面全是陈庆云发表的含氟卟啉的文章。这本专门搜集并装订的小册子，足以显见陈庆云在含氟卟啉方面所做工作的开创性和重要性。

卟啉具有独特的结构和物理化学性质,被广泛地应用于材料、生物、医药、催化、超分子化学等方面。自然界中有许多重要物质都具有卟啉类结构,卟啉化合物跟我们的生活息息相关。例如,人体血液里面的血红素就是一类金属铁卟啉,植物进行光合作用所需要的叶绿素也含有卟啉结构。

为什么会想到研究含氟卟啉?此前,湖南大学提出,希望能跟陈庆云进行合作。陈庆云是湖南人,对家乡的教育科研非常关心,于是欣然应允。2000年,陈庆云被聘为湖南大学特聘教授,他坦言:"湖南大学当时在卟啉化学研究方面有很好的基础,尤其是郭灿城教授,他从催化角度做,以卟啉做催化剂用于工业规模生产,实现了实际应用。我就想配合他做一些卟啉相关的工作。"

结合卟啉的化学优势,将氟化学用起来,是陈庆云做含氟卟啉的出发点。他希望将自己在氟化学领域的优势和湖南大学在卟啉化学领域的优势结合起来。虽然这是一个非常困难的新的交叉领域,但是陈庆云的理念就是要把氟化学用起来,做一些应用性、功能性的工作。

不过,要结合两个此前从未有人成功实现过交叉的领域，谈何容易。许多学者都佩服陈庆云的洞察力。在含氟卟啉领域最初的探索中，陈庆云也遇到了很多困难："因为分子结构比较大，跟以前熟悉和擅长的小分子合成和研究有很大不同，反应位点多，产物比较复杂，分离纯化困难，结构也比较难确认表征。"国内外在21世纪初期对含氟卟啉研究较少，也不够深入，其中一个很重要的原因就是含氟卟啉的合成相对困难，这在一定程度上影响了含氟卟啉的应用。于是，陈庆云独辟蹊径，先从简单的结构做起。

陈庆云请湖南大学的老师把关于卟啉的资料都拿过来，认真地学，还和学生们讨论，根据自己看的文献知识提建议。正是抱着这种谦虚且勤奋的态度，2003年，陈庆云小组首次实现了卟啉的直接氟烷基化。

接下来的几年，陈庆云小组发展了多种有效方法，将各种氟烷基基团引入卟啉，利用它们的独特性质进行初步应用尝试。这些工作不仅在合成上更具优越性，如反应简单、易分离、产率高，而且在产物的结构上更具多样性，可得到通过缩合反应难以得到的卟啉产物，为含氟卟啉的合成及应用提供了新方法。在这个过程中，他们还惊喜地发现这类化合物的新性质和独特用途，比如，一类卟啉具有非常强的自组装能力，有的还具有液晶行为。

2006年，刘超和陈庆云在研究含三氟甲基卟啉的还原反应时发现，在室温氮气保护下，向含卟啉的二甲基亚砜溶液中加入锌粉，搅拌1小时后，溶液颜色由绿色变为棕色。这个现象引起了他们的注意，经过多次分离纯化和谱图表征，发现反应产物是一个20π电子非芳香性的N,N-二氢卟啉，这个发现让他们异常欣喜。

它的重要性在哪里？卟啉类化合物由于其自身的独特性质，常被用于研究芳香性问题。卟啉分子本身形成18π电子，已被广泛研究。然而，具有4n个π电子体系的卟啉类化合物由于合成困难，研究较少。20个π电子的二氢卟啉，是诺贝尔奖获得者伍德沃德在合成叶绿素时提出的假想结构。它的合成在卟啉化学中颇具挑战性，一直以来难以捕捉。欣喜之处就在于，刘超和陈庆云的工作首次成功证实了此假想结构。

虽然陈庆云谦虚地认为这是一次幸运的发现，但能够获得20个π电子非芳香性二氢卟啉绝非偶然，这是陈庆云在坚实的氟化学基础研究上将氟化学扩展和应用的结果。通过将氟化学，特别是自己小组之前发展的多种氟烷基化的试剂和方法，与卟啉化学结合，他们开辟了一个新的交叉研究领域，取得了众多研究成果，受到了国际同行的关注和好评。2007年,《美国化学会志》发表了刘超和陈庆云关于独特电子结构的含氟烷基卟啉结构的文章。文章发表后,日本京都大学著名的卟啉化学家大须贺教授特意发来电子邮件祝贺,希望能更多地与陈庆云交流。

从2000年年初进入这个交叉领域,陈庆云在氟烷基卟啉方面做了很多工作。目前,国际上氟烷基卟啉方面的文章,很多都出自陈庆云研究小组。在这个细分领域,他们走在了国际前沿。

碳氯键活化

2000年前后,陈庆云研究小组开始基于改进脱卤亚磺化反应,以氟烷基碳氯键活化为中心进行系列研究。

第一个方面的研究,是改进脱卤亚磺化反应中的溶剂效应的机理研究。虽然他们对脱卤亚磺化反应中长期困扰的溶剂效应问题,给出了较好的解释,但陈庆云一直不够满意,认为还可以继续深入。

第二个方面的研究,是将氟烷基卟啉自由基分子内环化反应的结果拓展到相关小分子的合成中。为此,他们在含氟卟啉分子研究基础上,成功实现了小分子中的自由基分子内环化反应,获得了一系列含氟苯并六元环产物。其中大部分为饱和关环产物，同时也形成了一些部分脱氟及部分氢化产物。

第三个方面的研究，是陈庆云从20世纪80年代末就开始关注的氟利昂代用品研制中涉及的氟氯烷烃的转化和利用。氟氯烷烃具有很多优良性能，如低毒、不燃及很好的溶解性、化学稳定性和热稳定性等，主要用来做制冷剂、发泡剂和清洗剂，在氟化工产品中有着举足轻重的地位。尽管用途广泛，但氟氯烷烃对环境具有负面影响，主要表现在破坏臭氧层，导致温室效应。陈庆云曾经领导和参与了很多氟利昂代用品的研制，非常担忧氟氯烃引起的环境问题，希望能够从源头上解决问题。正是带着这种强烈的责任感，陈庆云小组开始从环保和氟化学工业的角度思考基础研究。无论是从氟化学基础理论研究角度，还是从环境保护角度来看，实现氟氯烷烃中惰性碳氯键的活化和转化都具有重大意义。有效利用这些氟氯烷烃的关键，在于其中惰性碳氯键的活化和断裂，陈庆云试图从此入手。

陈庆云小组曾发现锌/氯化镍可以有效地将全氟烷基氯代烷还原到1–氢全氟烷烃，反应被认为是单电子转移的过程。受此启发，2001年，黄小庭和陈庆云发现，当加入三苯基膦做配体后，全氟烷基氯化物中的碳氯键可以在零价镍的催化下经历一个单电子转移过程，被活化发生高效断裂产生全氟烷基自由基，进而与烯烃、炔烃或者芳香烃发生反应，得到有用的含氟烷基化合物。

搞科研不能"赶时髦"

2010年左右，国内外越来越多的科学家进入氟化学领域，氟化学变得非常热门。但其中很多文章都是"凑热闹"，跟在别人的后面做工作。陈庆云觉得不应该"赶时髦"，而是要把有自己特色的东西做大、做强、做好。

在这种思想的促进下，他们继续改进和优化"陈试剂"，在"陈试剂"基础上发展了一种更加温和、高效的三氟甲基化试剂——氟磺酰基二氟乙酸铜。利用该试剂，可以在室温下快速进行三氟甲基化反应。与"陈试剂"相比，反应条件更加温和，产率通常也更高。

"陈试剂"虽然得到了广泛的承认，但是在应用过程中，副产物二氧化硫在可能影响反应的同时，也带来了环境污染问题，不利于试剂的应用推广，曾有国际同行表达过这类关切。因此陈庆云一直在思考，除了继续发挥"陈试剂"的作用，能否改进二氧化硫排出问题和提高其经济性。他们利用自由基化学方法，将众多基于

"陈试剂"的三氟甲基化试剂的应用范围首次扩大到自由基三氟甲基化反应,并将反应中产生的副产物二氧化硫充分利用,转化为重要的磺酰氟基团。

值得指出的是,虽然陈庆云研究小组的整个工作都同 F-53 有密切关系,但是陈庆云注意到了 F-53 的可能副作用和后遗症。因八个碳的全氟烷基羧酸和磺酸及其衍生物太稳定、太难降解,有持久性的环境污染问题,世界多国都检测到人体血液中含有这些化合物,此前主要生产它的三个公司已经停产。那么,F-53 有没有类似的问题?

怀着强烈的责任感,陈庆云开始思考能不能找到一个与 F-53 效果一样的,但没有持久性污染的试剂。为此,陈庆云小组不仅致力于开发更多更好的含氟试剂和体系,特别是努力拓展以"陈试剂"为代表的具有自身特色的试剂和体系的应用范围,与此同时,他们还希望进一步提高它们在合成应用过程中的原子经济性和绿色化,把它们做大、做强、做好。

有一个群体叫"上海氟化学"

打造"上海氟化学"

2009年,陈庆云80岁之际,1984年度美国化学会氟化学奖获得者、艾奥瓦大学教授唐纳德·伯顿(Donald Burton)来信祝寿,信中写道:"您对有机氟化学领域的原创性贡献已经使您成为这一独特领域的全球学术领袖之一,并建立了您在这一重要化学领域中的学术传统。您还帮助建立了全球主要氟化学研究机构之一。"这个全球主要氟化学研究机构被国际上赞誉为"上海氟化学"。

日本冈山大学交叉科学研究中心的宇根山健冶也在贺信中写道:"利用氟磺酰二氟乙酸甲酯的三氟甲基化反应,利用氟磺酰二氟乙酸(三甲基)硅酯的二氟环丙烷化反应,利用单电子转移反应的全氟烷基碘化,以及含氟烷基卟啉化学属于我所钟爱的化学中的一部分。(陈教授)这些工作无疑对现代有机氟化学的发展产生了影响。"

陈庆云、黄维垣、胡昌明等人的努力,为团队赢得了"上海氟化学"的美誉。而"上海氟化学"荣誉的取得,与F-53密切相关。F-53铬雾抑制剂是我国具有完全自主知识产权的技术,不仅解决了电镀工艺引起的环境和健康问题,还大力推动了中国氟化学的发展。正是基于这条独特的含氧链条，上海有机所做了一系列研究，并成为上海有机所的特色。

在陈庆云、黄维垣、胡昌明三人奠定的氟化学基础研究上，上海有机所的一批年轻科学家开始崭露头角。吕龙围绕有机氟化学的应用进行研究，发现了一类具有全新结构和高效除草活性的 2- 嘧啶氧基 –N- 芳基苄胺类衍生物，这是中国仅有的具有自主知识产权的农药先导化合物，目前已经获得国内外多项发明专利。卿凤翎等人创新性发展了氧化三氟甲基化反应，带动了该研究方向在全球范围内的快速发展，被美国化学会出版的周刊《化学与工程新闻》称为"卿氟化"。胡金波等提出的"负氟效应"、开发的"胡试剂"受到国内外同行的关注。2012 年，《化学与工程新闻》以封面报道的形式，列出世界各国化学家开发并受全球医药农药界关注的 9 个金属参与的氟化学反应，"上海氟化学"团队以其独树一帜的研究成果，占据了其中的 1/3。

也正是因为这些成果，上海有机所已经成为国内有机氟化学基础和应用研究的重要基地，形成了一支老中青相结合、国内独一无二的氟化学研究队伍。为了表彰我国杰出的氟化学研究人员，中国化学会在 2011 年 10 月 12 日批准设立"中国化学会黄维垣氟化学奖"，该奖项每两年颁发一次，与中国化学会主办的全国氟化学会议同步。获奖者须在氟化学领域做出具有国际影响的、高水平的研究工作，并长期在国内从事与氟化学相关的研究。2012年，首届"中国化学会黄维垣氟化学奖"颁发给了陈庆云。

当然，"上海氟化学"这一荣誉的获得，不仅是因为一条专属的、特殊的F-53链条，更重要的是，陈庆云等老一辈科学家为氟化学开辟了新的领域，做出了原创性的、引领性的工作。

一般认为，做学术研究有三个标准：the first，第一个发现；the most，做得最多；the best，做得最好。其中，the first是最重要的，因为它属于引领性的。在同行看来，陈庆云的工作就属于the first，如"陈试剂"、二氟卡宾等，在国际上具有原创性。在我国氟化学研究的起步时期，能有一个突破点是很难得的，何况陈庆云所做的突破性工作不止一个，这些工作不仅是引领性的、有个人特色的，还形成了一个点、一条线，最后形成一个群体。

2009年，80岁的陈庆云写道："在我从事氟化学研究的五十年中，我深刻理解有机氟化学是有机化学的一个分支，既服从有机化学的一般规律，又有氟化学本身的特点。正是这些特点吸引我、困惑我、鼓舞我。(科研过程中)既有成功的喜悦,也有失败的懊丧;即使是成功的实验,也不是所有问题都已阐明,因而引起强烈的求真欲望和立刻实践的冲动。"

按照陈庆云的理解,氟化学遵循有机化学的规律,又有它的独特性。这样的理解有什么好处?胡金波认为,一些氟化学中看似比较反常的反应,恰恰像放大镜,能够放大有机化学中不容易被发现的理论,这对于基础理论的拓展和研究有很大帮助。

比如二氟卡宾的反应。一般的卡宾高度活泼,反应很难控制。但是二氟卡宾的反应很好控制,因为二氟卡宾是含卤素卡宾,是最稳定的一类卡宾,使反应的可控性很高。这完全符合"越稳定的物质的选择性越高,反应活性越低"这一基本理论。也就是说,二氟卡宾的稳定性特征,为有机化学理论提供了新的支撑。胡金波说:"结合氟化学的独特性和有机化学的普遍规律,这是陈先生研究的理念。我觉得这是非常好的理念,我自己的很多研究也是借鉴他的这个理念。"

凝聚集体智慧

2009年,陈庆云在自传《我的氟化学情结》中写道:"我自认平凡,无过人的智力,但有一点执着的追求。有幸的是能工作在有着优良研究传统的上海有机所中,这里充满着探索的激情和求实苦干的精神,有着循循善诱、潜移默化的氛围,名师不少,能人良多。我在此受益匪浅。如果一定要说我在上海有机所四十五年中做了一点点事的话,那首先要归功于上海有机所这一伟大的集体,任何个人,本事再大,离开集体便会一事无成。"

陈庆云所说的"集体",不仅是课题组、研究室,也不仅是上海有机所,而是整个氟化学研究共同体。正是靠着这种集体意识,陈庆云将集体的智慧凝聚起来。

在课题研究小组中,陈庆云让有经验的高年级同学帮助刚进组的同学,就是利用集体智慧的一种表现。陈庆云一直非常强调集体意识和团队意识,他经常说的一句话是"个人的能力再强,如果离开了好的集体,最终也不可能取得大的成果"。

对一个研究部门来讲,假如不同年龄层次的人才没有很好地衔接上,容易造成研究室慢慢弱化甚至消失。陈庆云一直感叹,一个研究室建起来十分不易,而要垮掉却是很容易的,所以要确保研究团队屹立不倒。他强调,人才建设工作要长期进行,要高度重视研究方向的规划和设计。

陈庆云的集体意识还包括整个学术共同体。他认为,做氟化学不能只关注我国的有机化学领域,还要了解其他国家的研究进展,"只有这样,视野才能开阔"。在这种开阔的思维下,上海有机所的有机氟化学重点实验室吸引了全国各地的研究者,实验室也面向全世界开放,共同推动学科发展。

把氟化学用起来

陈庆云是一位对氟化学有情怀的科学家。在他的研究生涯中,一直注重将氟化学应用于国家工业领域的发展。他曾感叹,自己这辈子做研究有两个遗憾:一是在理论方面的积累还不够;二是在应用方面的研究做得少。实际上,陈庆云在氟化学的应用方面已经做了很多工作,如氟材料、铬雾抑制剂、氟利昂代用品等,但他仍然觉得不够。

2010年,陈庆云带领课题组参观中化蓝天集团太仓氟化工研发基地。参观过程中,中化蓝天集团提出,希望将生产废料五氟氯乙烷转化成有用的含氟产品。课题组利用陈庆云的改进脱卤亚磺化反应活化碳氯键,把五氟氯乙烷转变成相应的亚磺酸盐,然后与碘单质反应生成五氟碘乙烷。五氟碘乙烷是非常重要的含氟精细化学品，在含氟材料和含氟有机物的合成中非常有用。参与这项工作的张成潘后来说："我们把实验室阶段的开发做好后，便移交给中化蓝天公司。据他们反馈，这个反应不仅可以很快重复出来，而且在我们的基础上还可以扩大生产规模。陈先生想的都是怎么把问题解决好，怎么把产品做好。"

陈庆云也会建议学生在做科研的过程中多考虑氟化学工业和应用。陈庆云常说，氟化学研究室在基础研究方面确实有进步，但是在应用方面也要多下功夫，要为我们国家氟化工提升作出努力，"不要做中看不中用的产品"。陈庆云举了一个例子："美国杜邦公司有很多产品，但我们只有简单的聚四氟乙烯产品。从这个方面来讲，我们基础研究人员要利用聪明才智，把社会所需要的产品与研究聚合在一起，真正做一些高尖产品。"

从探索高温裂解法生产六氟丙烯到独创液相法制备 F-134a，从含聚四氟乙烯等氟材料的研制到钯催化的单电子转移体系，陈庆云一直在思考如何将氟化学真正地用起来。20世纪60—80年代，他在含氟单体、含氟润滑油、含氟表面活性剂、新型制冷物质以及氟材料的研制方面取得了一系列原创成果，为我国氟化学和氟工业的发展作出了突出贡献。研发铬雾抑制剂时,他在工厂整整三年,和工人们一起攻克难关,最终研制出我国有自主知识产权的铬雾抑制剂,直到现在,全国多家工厂依然在使用这个产品。80年代,陈庆云开始从事基础研究,从上海有机所独有的含氟链条出发,拓展三氟甲基化的新试剂,进行全氟磺酸和多氟磺酸的研究。他始终想着如何发展有用的试剂,如何将中间体利用起来。

他持续关注研究成果的应用情况,他常说:"做研究一定要有长远的眼光,要做面向未来的研究,走在工业企业的前面。"例如,他注意到自己研制的三氟甲基化试剂在实际应用过程中会产生副产物二氧化硫,带来新的环境污染问题,于是开始思考如何避免或者降低影响,让"陈试剂"更加环保。他寄语氟化学研究的后辈,要看得更远,让氟化学更加绿色化。胡金波一直谨记陈庆云的嘱托:"陈先生很重视社会效益,他说我们研究的东西一定要接地气,要能够为国家和社会发展起到一些作用,这才是衡量一个科研成果或者研究单位是否能够受到社会大众高度评价的真正标准。"胡金波所带领的科研团队,基于"负氟效应"调控的试剂,解决了一氟甲基化和二氟甲基化、二氟和一氟烯基化、二氟卡宾化学等问题。这些试剂被用于解决治疗癌症药物的生产问题，被国际同行称为"胡试剂"，是"陈试剂"的延续和创新。

基础研究和实际应用的结合是一个复杂问题，要有国家的长远规划、资源的调配、科学研究领域的整合，并且需要长久的积累和努力。陈庆云说："虽然由实验室到真正应用还有比较长的过程，但我觉得不管怎样，我们一定要有决心做应该做的事情。"继续发展我国有独创性的氟化学任重道远，陈庆云将希望寄托于下一代。

而他的希望，正在几代人的努力中稳步推进。2025年1月，中国科学院上海有机化学研究所先进氟氮材料全国重点实验室正式批复建设，实验室的基础正是从20世纪50年代开始的老一辈科学家如黄耀曾、黄维垣、蒋锡夔、陈庆云等开启的氟化学工业研究。这一批老科学家白手起家，成功研制出含氟油脂、氟塑料、氟橡胶，为"两弹一星"和航天事业作出了巨大贡献。

薪火相传，谱系承接，目前实验室有一支老中青相结合的优秀研究队伍，科研人员约200人，是国际上规模较大的氟化学研究团队之一。这批研究人员延续传统，面向国家安全对关键战略有机材料的重大需求，基于氟和氮这两种元素的特点，继续开展原创性和引领性研究，开发先进氟氮材料的颠覆性技术，让"上海氟化学"不断焕发生机。

培养研究生，而不是操作工

陈庆云的学生们在氟化学研究领域做了许多重要工作，得到了国际同行的赞誉。

1978年度美国化学会氟化学奖获得者、美国爱达荷大学教授雪夫（Jean'ne M. Shreeve）是一位杰出的有机化学家，尤其在高能材料和含能化合物研究领域有重要贡献。她在给陈庆云的80岁寿辰贺信中写道："您对有机氟化学的许多贡献是模范性的，您的许多学术论文无论是在质量上还是在数量上无疑都是杰出的。同时，我特别想就您给予您许多同事（学生）优良的训练方面，向您表示感谢和称颂。我很高兴能直接和郭彩云、苏德宝、肖吉昌、郭勇、曾卓等人共事，您的这些学生来到我这里的时候都充满活力，并带着继续取得（与在您指导下工作时一样的）高水平科研工作的愿望。"

对于培养学生，陈庆云一直秉持的理念是"培养研究生，而不是操作工"。一二年级时严格，三四年级时放手，是陈庆云培养学生的第一个特点。"开始的时候一步一步地教，有时候还要抽查实验记录本。第三年就要学生自己管自己了，要自己想办法解决问题。先要让学生打好基础，养成好习惯、形成规范，往后要给学生足够的空间和自由，才能更好更快地做事。该放的要放，该管的要管。"

陈庆云的"先严格、后放手"能够让学生独立地去做事情。但是，"放手"并不代表完全不管，如果碰到重大问题，他也会给学生一些相应的指导。

尊重学生兴趣，并时刻鼓励学生，是陈庆云培养学生的第二个特点。他经常对学生说："你要愿意就去做，要没有兴趣，我们可以换掉。"陈庆云认为，鼓励学生做科研的首要条件是学生自己愿意、对课题感兴趣。学生杨国英说："陈先生不会要求我们一定要做哪个课题。有一次我有个想法，问他感不感兴趣，他毫不迟疑地说'当然感兴趣'，这对我来说是非常大的鼓励。"

陈庆云非常注重培养学生解决问题的能力，启发学生自己去尝试。学生刚进入课题组的时候，陈庆云会先介绍组里的研究情况，让学生自己选择感兴趣的研究方向，并给予学生建议。学生刘超说："陈先生非常尊重学生的兴趣，他会提出建议，但不会要你一定做这个方向。"

陈庆云对学生的尊重和启发，使学生对科学研究充满热情。伯顿教授曾来信写道："您杰出的研究工作在领域内是广为人知的。我还想感谢您对青年科学家成长所作出的重要贡献。我很幸运能让您的几位学生到我的实验室工作。他们对化学充满热情,并对我们的研究项目作出了重要贡献。作为一位在学术界的化学家同行,我钦佩和认可您在他们学术生涯发展中所作的重要贡献。"

陈庆云培养学生的第三个特点是对学生的论文要求很高,通过写论文来培养科研能力。从他这里毕业的研究生,一定要达到基本要求,否则绝不放行。"硕士就要达到硕士的水平,博士就要达到博士的水平",陈庆云经常强调:"学生要自己写文章,写了才会发现问题。不单单是写作的问题,可能实验本身就有问题。"

学生的论文,陈庆云都很认真地看,并且提出修改意见。他改文章的速度非常快,有时当天就改完了。肖吉昌感言:"陈先生这一点做得很好,值得我们学习。我学生生涯中的第二篇文章其实写得不太好,陈先生就利用春节假期帮我修改,他还说'你这个文章我改了一个星期,终于改好了,之后你就不用做太多的工作。'"

在实验过程中,他非常强调对结构的"确证":"做一个反应,如果结构不清楚或者没有完全确证,那么你的工作是不可信的。"陈庆云会仔细检查学生的各种谱图分析,这种训练和要求使学生在研究过程中注重实验结果的可靠性。

陈庆云对研究生的培养十分用心。他每周组织两次研究生会议,了解工作进展和存在的困难。有的研究生来自工厂,研究技能比较差,他就会交代课题组的研究人员多进行辅导,他常说:"人家来咱们这里,是觉得我们好,我们不能辜负人家。"

陈庆云为人低调,言语不多,但是一说话就会说到点子上。1988年郭彩云出国学习前,陈庆云给了她很多指导和鼓励。他说:"出去开开眼界,看看别人怎么做的,我们才可以提高。"郭彩云写简历的过程中,陈庆云还反复叮嘱:"送出去的简历,一个字母也不能错,错了人家会觉得你英语不好。"这句话让郭彩云感受到陈庆云的良苦用心。

陈庆云从不直接说教,而是潜移默化地影响别人。他常鼓励大家:"我们做一件事情,要把它做到山穷水尽,才不会后悔""阴天过去就是晴天,不要垂头丧气"。

陈庆云对学生和集体的关爱如春雨润物细无声,这和他的性格一样,沉稳不张扬。在苏联留学时,由于当时的实验室条件不足,导致他吸入过多有毒气体,影响了身体健康。因此,他非常注意学生的安全健康。在实验操作过程中,如果有人防护眼镜没有戴,他会严厉批评，目的就是让学生能够保护好自己。

为了给学生更好的指导，陈庆云一直保持对学术前沿的高度关注。他常说："每天都要有进步，不然就会落后""三天不看文献就心慌""我觉得我不是很聪明，但是我做一件事情就拼着命干，尽我最大的努力"。90多岁时，陈庆云依然觉得自己一天都不能停，一天不努力就会退步。对此，肖吉昌深有感触："陈先生读的文献特别多。我遇到问题时，他总会告诉我哪一个文献可能会对我有启发，哪个人的工作我可以去看一看、查一查。"

陈庆云也一直通过参加国内氟化学会议或者活动，与同行们深入交流，扶持青年人成长，支持中国氟化学的发展。2018年，上海有机所承办中国化学会第十五届全国氟化学会议。在筹备阶段，陈庆云多次嘱咐胡金波："你需要我做什么，尽管和我说。"可见他对中国氟化学的发展尽心尽责、鼎力支持。近90周岁的陈庆云全程参与了此次全国氟化学会议，认真听取报告。在学生们看来，陈庆云的出现本身就起到了榜样的作用，他对科研的热爱与执着，无须多言。

陈庆云九十华诞时，时任上海有机所所长丁奎岭写道："陈庆云先生严谨治学，诲人不倦，桃李芬芳。他充分尊重学生的兴趣，激发和培育学生锐意创新、敢想敢干的闯劲。求实是本，奉献为先；细致、深入、应用。陈庆云先生以此笃学致用有机氟，砥志研思七十年，一片丹心兴邦梦。"

如今，陈庆云的学生活跃在各行各业、世界各地。在医药及精细化工领域，吴生文博士成为行业翘楚；在研究领域，肖吉昌教授为"陈试剂"的发扬光大作出了杰出贡献。陈庆云报效祖国、服务社会的奉献精神，求真务实、勇于创新的科学精神，团结协作、淡泊名利的团队精神，是推动上海有机所创新发展乃至国家科技进步的重要动力。

国际交流合作

2019年1月25日，在庆祝陈庆云90岁华诞的学术报告会上，多比尔教授作了题为《二氟卡宾化学的新发展》（*New Development of Difluorocarbene Chemistry*）的报告，回顾了与陈庆云数年的学术交往。2004年，他与陈庆云等合作研究一种新型的高效二氟卡宾试剂——氟磺酰基二氟乙酸三甲基硅酯，从此结下了深厚的友谊。

此外，陈庆云与1984年度美国化学会氟化学奖获得者、美国艾奥瓦大学的伯顿教授，1991年度美国化学会氟化学奖获得者、2005年度莫瓦桑氟化学奖获得者、英国达勒姆大学的钱伯斯教授等都有着长久的学术友谊。

陈庆云是改革开放后最早和国际上恢复交流的一批学者。事实上,为了加强国际交流,45岁的陈庆云还专门去上海交通大学学习英语口语,一学就是一年。虽然他在求学时期已经打下很好的英语基础,但是为了拓展学术交流,他又重新学习。这种勤奋与毅力,着实让人敬佩。

1979年1月,陈庆云和黄维垣、冯允恭参加了美国化学会氟化学小组召开的第四次冬季氟化学会议,与来自英国、法国、波兰等多个国家的学者进行交流。会议期间还在肯尼迪空间试验中心观看了人造地球卫星发射。他们还与伯顿教授等进行座谈和交流,并由此展开了多年的学术友谊。这是陈庆云第一次出访美国。

1979年后,陈庆云参加国际学术交流的机会多了起来。1982年9月,他赴南斯拉夫奥赫里德参加国际表面活性剂会议。会后,陈庆云取道莫斯科回国时,重访原来在苏联科学院元素有机化合物研究所的老友。1984年12月,陈庆云参加了在美国夏威夷举行的首届环太平洋化学大会并在会上宣读论文。

最令陈庆云兴奋的一次国际交流,是1986年8月在巴黎举行的纪念元素氟发现一百周年国际学术讨论会。这次会议让陈庆云感到自己在氟化学研究领域的工作有了进展，能够更好地和国际同行交流。他说："那个年代我的工作做得还可以，有东西可以讲了。如果去开会没有东西讲是很难为情的……这一趟收获很大，去了不少化学研究所参观，作了学术报告，和国外同行深入交流，算是开了眼界。"

这段时期的国际交流，还让陈庆云和苏联留学时期的同事们恢复了联系。1988年，苏联科学院Fokin院士和German教授来中国访问，陈庆云负责接待。留苏时期，German教授和陈庆云在同一个实验室，毕业后一直在苏联科学院工作。1989年9月30日，陈庆云访问苏联科学院元素有机化合物研究所和新西伯利亚有机化学研究所。10月，他接待了新西伯利亚有机化学研究所Furin副所长的来访。上海有机所做的是长链化合物，而新西伯利亚有机化学研究所的特色是做全氟苯，难度大，这一点让陈庆云深感佩服。

除了基础研究领域的学术交流，陈庆云还多次参加氟化学应用领域的交流。1990年11月，陈庆云赴日本考察氟利昂代用品研制情况，访问了旭硝子、大金等公司。1991年7月，他赴美国考察，访问了杜邦公司。在这次交流的基础上，杜邦公司与上海有机所建立了长期的合作关系。90年代后期,国内的科研环境更加开放,上海有机所开始规划国际研究项目,陈庆云和黄维垣也开始接手一些国外的研究工作,很多著名的国外公司,如杜邦公司、3M公司等,纷纷来有机所寻求合作。

美国冬季氟化学会议、国际氟化学会议以及欧洲氟化学会议,是陈庆云固定参加的会议。这些会议,不仅让他和国际同行逐渐建立了联系,也打开了国内外共同培养氟化学人才的渠道。陈庆云记得,自己和黄维垣第一次参加美国冬季氟化学会议时,国外学者并不认识他们,后来才慢慢熟了。"这个'门'打开以后,出国交流的人就多了。有机所的学生毕业后,也会到国际上各个地方去做博士后,交流频繁起来,也建立了友谊。"

回望一生

在回顾自己的人生经历与科研过程时,陈庆云反复强调,自己作为一个农民的孩子,没有什么过人的智慧和本领,凭借的都是国家给的机会以及自己的努力。但是,当我们将陈庆云对求学、科研和国家发展的考量,放在我国科学发展史与全球史的视野下来思考时,科学家精神的魅力便具体而鲜活了。

朴素的执着

"我只想着拼命干",陈庆云一直保持这种朴素执着的精神。无论是求学时期还是走上科研之路,他都是埋头苦干、勇往直前,不敢有任何停滞与懈怠。

在女儿陈肖眼中,父亲是个性格平和又个性独特的"倔老头",只要他认定的事,任何人都改变不了。90多岁时,陈庆云每周仍然雷打不动地去单位,即使在家也是捧着文献资料认真研究。陈肖由衷感叹:"父亲把一生的心血都献给了氟化学事业。"

尽管在氟化学与氟材料的基础与应用研究领域取得了国际瞩目的成果,陈庆云仍然觉得自己有两个遗憾:一是理论基础研究做得还不够,二是环境友好方面的应用拓展做得不够。

退休后,他依然保持着对学术前沿的高度关注,每天早上到办公室的第一件事就是看文献，关注氟化学的最新科研动态。这种朴素执着的精神，从早期的求学到后来的科研，从对知识的渴求到对氟化学的热爱，成为他求知道路上不竭的动力。

低调、务实、平易近人、沉稳不张扬，是大家对陈庆云的一致评价。"陈先生是一位非常沉稳、低调的科学家，做事情非常实在，从不张扬……他非常强调集体精神，总是说'我没有做什么，这都是大家一起做的'。"

哪怕我们不专门从事科学研究，陈庆云的精神也能让我们获得莫大的激励和启示。他常说"每天都要有进步，不然就会落后""三天不看文献就心慌"。这种努力、执着与求索，不正是我国老一辈科学家群体风貌的侧影吗？

科班出身塑专长

陈庆云总是谦虚地说自己"只是中国氟化学工作者中普通的一员，或者说是一个'老兵'"。作为中国氟化学学科的奠基人之一，陈庆云是同辈中少有的"科班出身"，这在他的学术研究道路上起到了非常重要的作用。

学生时期的知识积累，特别是北京大学化学系的曾昭抡、邢其毅、唐敖庆、徐光宪、蒋明谦等老师的教导，为陈庆云的化学研究奠定了坚实基础，这种开拓式的培养令他受益终身。

2011年11月，在邢其毅先生百年诞辰纪念会上，陈庆云受邀作报告。报告的第一页为"纪念吾师邢其毅先生百岁诞辰，无限敬仰，深切怀念，师德无量，激励后人"。报告的题目是 Fluoroalkylation of Porphrins（卟啉的氟烷基化），陈庆云用自己最新的科研进展向恩师表达敬仰之情。毕业后，陈庆云和邢其毅一直保持着联系，邢先生对科研的热爱与艰苦努力的精神，也一直激励着陈庆云。邢其毅1937年从德国学成回国，在上海中央研究院化学研究所工作。抗日战争期间，研究所被迫内迁，他将所里最宝贵的80余箱图书运往昆明，耗时半年，历尽艰辛。新中国成立后，这批图书归属中国科学院上海有机化学研究所。1997年，陈庆云陪同邢其毅参观有机所时，邢先生抚摸着这些图书，激动万分。此情此景，也让陈庆云十分动容。

留学苏联时期，陈庆云在世界知名的氟化学实验室学习，在六氟丙酮的研究中体会到科研的乐趣，更加激发了他探索这一未知领域的兴趣，从此笃志研究有机氟。

科班出身的专业基础，加上长期的学习积累，使陈庆云有着更开阔的眼界，能够很快找到新的突破点。例如，在课题组准备进行三氟甲基卟啉的合成研究时，因此前有研究提出三氟甲基化合成效率较低，有人提议应该换一个课题方向。陈庆云却说："别人做不成，不代表我们做不成，一定要自己去验证，不能只看文献。"后来，陈庆云和学生们经过多次实验，很快发现了直接对卟啉进行氟烷基化的简便方法，以此为基础发展出一系列高效有用的氟烷基卟啉合成的新方法，并首次真正实现了伍德沃德关于含20个π电子异卟啉的预言，成为含氟卟啉领域的开拓工作。

国际上虽然报道了很多三氟甲基化的方法，但是陈庆云发展出的"陈试剂"价格低廉、产率高，在工业化应用中表现出色。打破了过去仅限于四氟乙烯、六氟丙烯的原料来源，这在氟化学领域是一个很大的贡献。

陈庆云发现的二氟卡宾试剂，有的已经实现工业化应用，有的至今还被很多研究者使用。二氟卡宾是一个很重要的有机反应中间体，具有很大的理论研究意义。近年，还有国外学者用陈庆云的方法做F-18的三氟甲基化合成工作。这缘于陈庆云没有将氟化学独立起来，没有脱离有机化学这个大框架，而是在这个大框架下越做越宽。有机化学的细分方向非常多，把握氟原子的特殊性，注意到它呈现出来的特点，把氟化学当作有机化学领域很重要的一部分，才能对有机化学的发展作出独特贡献。特别是，氟化学中看似比较反常的反应，能够使有机化学中不太容易被发现的理论显现出来。这种独特的"氟效应"被陈庆云很好地应用到有机化学研究中，形成了自己的体系与特色，改变了大家对有机化学的传统理解。这种体系与特色就是"陈氏方法学"，是在"陈试剂"的基础上逐渐发展出来的研究体系。

科研之外

陈庆云热心科普工作，为科学事业奉献一个老科学家的力量。外孙女读中学时，学校曾特别邀请陈庆云作报告。陈庆云毫不含糊，将自己近70年来踏踏实实研究氟化学的历程向同学们娓娓道来，告诉大家要有"求实为本、奉献为先"的精神。

上海市徐汇区田林街道举办科学讲堂，陈庆云作为劳动模范，在2021年春节前夕录制了第一期"田林楷模讲堂"，将科学知识和科学精神传递给更多人。节目录制后，街道推进"楷模进校园"活动，让孩子们听院士爷爷讲故事。吴中路小学、田林小学等小学生，田林中学、田林二中、田林三中等初中生，西南位育中学等高中生都观看了节目。同学们说："以前，我一直觉得科学家最值得我们学习的就是渊博的知识。现在，我渐渐明白，科学家的那份为国家需要而学习的伟大爱国情怀，实事求是、绝不造假的严谨科学态度和终身学习、毫无保留的无私治学精神更值得我用心学习"。孩子们在短短的节目中体悟到陈庆云在科学研究上的孜孜追求，被陈庆云的科研人生所鼓舞，写下："对待学术要理论与应用结合，要用真心。用一颗真心去对待事业，用一颗真心对待国家。"

陈庆云和夫人虞芝芬在长春仪器馆相识，后来一起到北京工作，女儿陈肖出生之后跟外公外婆在上海生活。1963 年，陈庆云夫妇从北京调到上海有机所后，住在当时还是郊区的天山新村。陈肖回忆，外公过世后，外婆搬到天山新村一起住。家里的早餐一直由陈庆云负责。他会用一根筷子，将几根油条穿在一起，再拿一个小锅装豆浆拎回家。外婆的日常换洗也都由陈庆云负责，邻居都说陈庆云这个女婿比儿子都孝顺。

陈庆云给孩子起名字很随意。陈肖是农历八月十五出生的，父亲在写给苏联同事的信件里把女儿称作"小月亮"，外公外婆就一直喊她"小月"。后来，虞芝芬说名字中间有"小"喊不响，陈庆云就将"小"字挪到"月"上变成了"肖"。陈庆云儿子的小名叫小丰，后来就把"小"字拿掉，改为"陈丰"。陈庆云对儿女完全是"散养"，不辅导课程，而是以身作则，激励孩子们努力学习。对于报考什么学校、选择什么专业、从事什么工作，陈庆云也完全尊重儿女们的想法。

陈庆云很自律，有一阵他迷上了《三国演义》，但是他每天只看一点，不让自己因此而耽误工作。在接受《与科学家同行》活动的采访时，陈庆云坦言："科学家也是人，我们跟普通人一样。"

到了晚年，即使是九十多岁高龄，他也坚持不给儿女添麻烦。每次女儿来看望，他总是说："你工作很忙，就不用来了。"话虽如此，儿女每次去看望时，陈庆云都很高兴。有时候一听见一楼的脚步声，家住六楼的陈庆云便能判断出来是孩子们过来了。每次儿女来家里，陈庆云话也不多，只是安静地看书、读文献。

2019年1月25日，上海有机所举行了陈庆云院士九十华诞庆贺会暨学术报告会，陈肖在现场聆听了多位同事和学生回顾陈庆云在国家"忍辱负重"到"奋斗图强"的时代背景下不平凡的科研历程。听到父亲谦虚地表示自己"只是我国氟化学工作者中普通的一员"，陈肖既为父亲所做的科研工作成就而感到骄傲，也深深敬佩父亲的谦虚。她在心里默默地说："父亲，我为是您的女儿而感到骄傲、感到自豪。"